日本手話のしくみ練習帳

DVD付

NPO法人バイリンガル・バイカルチュラルろう教育センター 編

岡 典栄・赤堀 仁美 著

大修館書店

はじめに

これは、
英語の「ハロー！」のように
一日中いつでも使える
あいさつの手話です。
まず、覚えてくださいね。

みなさん、こんにちは。

この本を手に取っていただき、ありがとうございます。この本は、手話を母語として使っている人の動画を見ながら練習をすることで、日本手話の基礎を身につけることを目的としています。学校の授業のように先生がいる場合でも、自分だけで学習するときにも、使いやすいように工夫しました。

さあ、楽しみながら手話を学んでいきましょう！

日本手話は日本語とはちがう
独自の言語です。
だからこそ、
話せるようになると、
とても楽しいですよ。

この本の使い方

　この本には手話の発音、単語、文法、会話など、さまざまな分野から24のレッスンとまとめの問題がのっています。
　左ページの囲みの中が、そのレッスンのポイントです。レッスンのねらいをしっかりつかみましょう。
「練習」では、動画を見ながらいっしょに手や顔を動かして、手話の表現のしかたを学びましょう。
「問題」では、それまでに学んだことを使って、問題にチャレンジしてみましょう。
　手話の単語は〈　〉で囲んであります。〈　〉の中は、日本語ではなく手話を表しています。これを「手話ラベル」といいます。
　新しく出てきた手話の単語は、それぞれの章の最後にヒントになる写真がのっています。さまざまな単語を覚えましょう。
　動画は、レッスンごとに「練習」と「問題」に分かれています。正解と解説は本の後ろにまとめてあります。問題を自分で解いた後で、答えあわせをしてみましょう。丸つけをするだけでなく、どうしてそういう答えになるのかを、解説を読んでよく考えるといいですね。
　一度だけでなく、何度もくりかえし「練習」と「問題」をやってみることが大切です。そうするうちに、自然に手話の単語を覚え、前にはできなかったことや、わからなかったことが、だんだんわかるようになってきます。
　では、レッスン1に入る前に、ウォーミングアップをしましょう。

動画で学ぼう

動画はDVDだけでなくスマートフォンやパソコンでも見ることができます。
右のコードをスマートフォンのバーコードリーダーで読み取るか、次のアドレスからアクセスしてください。
http://www.bbed.org/com

ウォーミングアップ

練習1

動画で表されている2つの手話が同じかどうかを答えましょう。
手話単語の意味は、知らなくてかまいません。
同じ手話か、ちがう手話か、それだけを答えてください。

〈こんにちは〉

→ どうでしたか。1つめと2つめでは動きがちがったのに気がついたでしょうか。1つめは手がななめ前に出ていますが、2つめは顔の真横に動いています。答えは×です。

練習1 動画を見て、2つの手話が同じなら○、ちがうときは×で答えましょう。

問題	解答（○／×）	問題	解答（○／×）
(1)		(6)	
(2)		(7)	
(3)		(8)	
(4)		(9)	
(5)		(10)	

解答…74ページ

練習2

手話でえがいた図形が同じかどうかを判断する問題です。
動画を見て、2つの手話が同じ形なら○、ちがう形なら×を答えましょう。

→ 1つめは正方形、2つめは長方形でしたね。つまり、正解は×です。

練習 2 動画を見て、2つの手話が同じ形なら○、ちがう形なら×で答えましょう。

問題	解答（○／×）
(1)	
(2)	
(3)	

問題	解答（○／×）
(4)	
(5)	

解答…74ページ

練習 3 手話で表されている順番に注目してみましょう。
2つの手話はどのような順番でえがかれているでしょうか。
同じ順番なら○、ちがう順番なら×を答えましょう。

DVD

→ 両方とも下から丸が始まっていますね。したがって、答えは○です。

練習 3 動画を見て、2つの手話で表されている順番が同じなら○、ちがう順番なら×を書きましょう。

問題	解答（○／×）
(1)	
(2)	
(3)	

問題	解答（○／×）
(4)	
(5)	

解答…74ページ

　3つのウォーミングアップ、いかがでしたか？「これくらいならできる！」と感じたのではないでしょうか？　この本では、このように、動画で手話をじっくり見て、表し方のちがいを発見したり、自分でも表現してみたりしながら、手話の基本を学んでいきます。
　さあ、いよいよレッスンのはじまりです。

日本手話のしくみ練習帳 DVD付
目 次

はじめに…この本の使い方 …………………………………………………………… 2
ウォーミングアップ …………………………………………………………………… 4

I 発音のしくみ …………………………………………… 9

レッスン1	手の形(1)---パー ……………………………………………… 10
レッスン2	手の形(2)---グー ……………………………………………… 12
レッスン3	手の形(3)---指差しの形 ……………………………………… 14
レッスン4	手の形(4)---途中で形が変わるもの ………………………… 16
レッスン5	手の形(5)---両手の手話 ……………………………………… 18
レッスン6	位置 ……………………………………………………………… 20
レッスン7	動き ……………………………………………………………… 22
レッスン8	ミニマル・ペア ………………………………………………… 24
レッスン9	手話の文字 ……………………………………………………… 26
おまけ	数字の手話 ……………………………………………………… 28

II 日本手話の文法 …………………………………………… 33

レッスン10	普通の文---肯定文 ……………………………………………… 34
レッスン11	否定文(1)---基本的な否定文 ………………………………… 36
レッスン12	否定文(2)---動詞の否定 ……………………………………… 38
レッスン13	否定文(3)---さまざまな否定 ………………………………… 40
レッスン14	疑問文(1)---Yes/No疑問文 …………………………………… 42
レッスン15	疑問文(2)---Wh疑問文 ………………………………………… 44

Contents

レッスン16	手話の表情---比較級、最上級	46
レッスン17	うなずき	48
レッスン18	過去・現在・未来---時制とアスペクト	50

Ⅲ CLとは ... 53

レッスン19	CLの練習（1）---平面	54
レッスン20	CLの練習（2）---形状・性質	56
レッスン21	CLの練習（3）---立体	58
レッスン22	CLの練習（4）---位置関係	60
レッスン23	CL動詞と名詞	62
レッスン24	CLのまとめ	64
おまけ	CLで遊ぼう	66

Ⅳ まとめの問題 ... 69

付録 ... 73

解答と解説	74
授業計画案（小学校5年生～6年生）	82
さくいん	90

コラム		
	言語は無限に広がる	17
	かっこよく否定しよう	41

謝　辞

　この本の刊行にあたっては、多くの方々のご協力をいただきました。
　慶應義塾大学教授の松岡和美さんの指導案を本書に掲載できたことで、手話教室のみならず小中学校などの先生方にも使っていただきやすくなったと確信しています。この原稿の本書への掲載をご快諾くださった明海大学教授の大津由紀雄さんにも心から感謝します。また、日本手話で語ってくださった、佐野立太郎さん、森田明さん、安田千佑さん、N. K. さん。さらに、以下の外国の手話話者の方々と大学のおかげで、多くの手話言語をご紹介することができました。

ろう出演者：
アメリカ手話：Doreen Simons（University of Connecticut　コネチカット大学）
ブラジル手話：Valdo Nobrega（Universidade Federal da Paraíba　パライバ連邦大学）
香港手話：香港中文大学のネイティブろう者

協力者：
Ronice Müller de Quadros
（Universidade Federal de Santa Catarina　サンタカタリナ連邦大学）
Felix Sze（香港中文大学）

　著者二人の似顔絵はろう者の仁木尚美さんにお願いし、動画の撮影、編集という大変な作業は斉藤道雄さん、合成写真やオーサリングは藤島辰也さんが引き受けてくださいました。撮影の場所を提供してくれた明晴学園にも感謝します。本文と動画のつきあわせ、問題と解答のつきあわせなどの細かい校正作業は板垣恵美子さん、板垣祝子さんがすばらしい仕事をしてくれました。もし、間違いが残っているようなことがあれば、それはすべて著者および編者の〈目が安い〉からです。そして、大修館書店の編集者である山田豊樹さんには前著『文法が基礎からわかる　日本手話のしくみ』に引き続き大変お世話になりました。みなさんに心から感謝いたします。
　この本により、できるだけ多くの方が手話に接してくれること、そして手話学習が少しでも進むことが、ご協力いただいた方々への最大の謝意表明だと思っております。どうぞ真っ黒になるまで使ってください。

2016年2月

著者一同

I
発音のしくみ

レッスン1 手の形（1）……………… パー

Ⅰ―発音のしくみ

　日本語は母音（a,i,u,e,o）と子音（k,s,t,n,m,g,z,dなど）を組み合わせた五十音が発音のもとになっています。

　同じように、手話にも手話の音を作る"もと"があります。

　　手の形（手形）
　　手話が表される**場所（位置）**
　　手の**動き**

　これらの組み合わせによって、さまざまな手話の語を表すことができます。

　まずは、手の形から見ていくことにしましょう。このレッスンで取り上げるのは、いちばん簡単な手形、**指を閉じたパーの形**です。

　いちばん簡単な手形は、5本の指を伸ばして、指の間を閉じた形です。この形を用いたさまざまな手話を覚えていきましょう。

 指を閉じたパーの形

練習　動画を見ながらやってみましょう。
それぞれの動きの特徴をメモしておくと覚えやすいでしょう。

1　片手だけでこの手形を使った単語を練習しましょう。

　　〈魚〉〈山〉〈本当〉〈わかる〉〈質問する〉〈お願いする〉

メモ例　〜〜〜　　〜〜

10　※この章の各レッスン中の新出単語については、P.30〜にヒントになる写真があります。

2 両手を同じように使った単語を練習しましょう。

〈本〉 〈学校〉 〈家〉 〈晴れ〉

〈今日〉〈働く〉

3 利き手が動き、非利き手はお皿のように手話が表される場所だけを提供している単語を練習しましょう。

〈きれい〉〈説明する〉〈到着する〉〈方法〉

4 左右の手が交互に動く単語を練習しましょう。

〈のんびり〉〈あわてる〉〈文化〉〈交流〉

問題　DVD

❶

動画を見て、それぞれの語を正しく表しているものを、A・B・Cの3つの中から選びましょう。

(1) 本　　　　A　B　C
(2) 家　　　　A　B　C
(3) 働く　　　A　B　C

❷

動画を見て、手話でなんと言っているか、正しいものを選びましょう。

(1) A：本を閉じる　　B：学校が閉まっている　C：学校に着く
(2) A：今日は晴れだ　B：家が開いている　　　C：仕事が休みだ
(3) A：山が黒い　　　B：魚は大事だ　　　　　C：質問お願いします

レッスン2 手の形（2） ……… グー

Ⅰ―発音のしくみ

　手の形、位置、動き、という手話の語を作る"もと"のうち、**手の形**（手形）について見ていきましょう。
　このレッスンで取り上げる手形は、**手をにぎった形、グー**です。

　パーの形の次によく使われるのは、手をにぎった形、ジャンケンのグーの形です。

 　手をにぎったグーの形

　この形も、位置や動きによって、さまざまな意味をもちます。動画を見ながら練習しましょう。

練習 動画を見ながら、手をにぎったグーの形を用いた単語を練習してみましょう。

1 鼻の位置に置く　　〈よい〉（「よろしくお願いします」にも使う）

2 額を2回たたく　　〈病気〉

3 耳の横に置く　　　〈寝る〉

〈よい〉

〈病気〉

〈寝る〉

4 利き手（グー）で非利き手の手首をたたく 〈苦労・お疲れ様〉

5 両手のグーを上下に並べてたたく 〈作る〉

6 両手をグーの形で同時に下向きに2回下ろす 〈元気〉

7 両手をグーの形で交互に動かす 〈自由〉〈わがまま〉

8 グーを上下に1回下ろす 〈いる〉

おまけ　動物シリーズ（グーだけで表すことができる動物） DVD

〈猫〉

〈象〉

〈ゴリラ〉

問題 DVD

❶

それぞれの語を正しく表しているものを選びましょう。

(1) 病気　　　　A　　B　　C
(2) 元気　　　　A　　B　　C
(3) 作る　　　　A　　B　　C

❷

手話でなんと言っているか、正しいものを選びましょう。

(1) A：象が病気です　　B：象がいます　　　　　　C：象が大変です
(2) A：猫は元気です　　B：猫はわがままです　　　C：猫は寝ます
(3) A：象がいます　　　B：よろしくお願いします　C：よい天気です

※画像を見ながら、語順にも注意して、なめらかに話せるまで練習しましょう。

レッスン3 手の形(3) ……… 指差しの形

Ⅰ―発音のしくみ

日本手話のさまざまな手形を見ていきます。このレッスンで取り上げるのは、**人差し指**を立てた形、**指差しの形**です。

人差し指を立てた、指差しで用いる形です。この手形は、人や物や位置などを指し示すのに使ったり、数の「1」を表したりします。

指差しの形

〈私〉

〈あなた〉

〈あれ〉

〈それ〉

〈1〉

練習

動画を見て、指差しの形を用いた単語を練習しましょう。

DVD

1 「頭が痛い」「お腹が痛い」「歯が痛い」を練習しましょう。指さしで痛いところを指します。

〈頭〉

〈痛い〉

2 〈見る〉〈聞く〉〈言う〉を練習しましょう。指差しで動作が行われる場所を指します。

〈見る〉

〈聞く〉

〈言う〉

3 思考を表す言葉、〈思う〉〈考える〉〈思いつく〉を練習しましょう。同じ指差しでも、動きがちがうことに注意しましょう。

〈思う〉

〈考える〉

〈思いつく〉

4 移動を表す〈行く〉〈来る〉、〈教える〉、疑問の〈何〉を練習しましょう。〈何〉は、たいへんよく使われる語で、人差し指を左右に軽くふります。

〈何〉

問題　　　　　　　　　　DVD

❶

動画が表している手話は何という意味でしょう。

❷

〈聞く〉〈話す〉を同時に表した手話は何という意味でしょう。

Ⅰ—発音のしくみ

レッスン4 手の形（4）……途中で形が変わるもの

ここまで、手話の手形の基本的なもの、パー、グー、指差しの形の3つを学習してきました。

次に、**単語の途中で手の形が変わるもの**を取り上げます。

このレッスンでは、手を開いた形から閉じた形へ、あるいは、閉じた形から開いた形へ、と変化をする単語を見ていきます。

練習 動画を見ながら、〈終わる〉〈新しい〉を練習しましょう。

1. 〈終わる〉 … 手を開いた形から閉じた形へ

   〈終わる〉は、開いた両手を下に動かしながら閉じていき、最後は閉じた形で終わります。

   このように単語の途中で手の形が変わる場合、**その単語としての手形**は、**始まりの形**です。つまり、〈終わる〉では**手を開いた形がこの単語の手形**ということになります。

   〈終わる〉

2. 〈新しい〉 … 手を閉じた形から開いた形へ

   〈新しい〉は、両手の手のひらを上向きにして軽く閉じた状態から始まります。この手を少しずつ開きながら下前方へと動かします。

   〈新しい〉

問題

次の単語の手の形はなんでしょう。

(1) パン　　(2) バカ　　(3) 忘れる

(4) 好き　　(5) 嫌い　　(6) 基本

(7) 緊張　　(8) 帰る　　(9) 幸せ

コラム　〜言語は無限に広がる〜

　手話の単語を作る手形、位置、動きの数は無限ではありません。しかし、その組み合わせで無限の単語を作ることができます。

　日本語では、母音と子音を順番に並べて無限の単語を作ります。たとえば、イ、カ、サのような音から、胃、かさ、坂、貝などいろいろな単語が作れます。

　それはことばを組み立てるブロックのようなものです。

　手話では、手形、位置、動きがそのブロックの役目を果たしています。大切なのは、手形や位置、動きを順番に並べるのではなく、同時に表すということです。イカとカイは音の順番で区別されますが、手話では、〈思う〉と〈考える〉（→15ページ）のように、手形と位置は同じでも、動きがちがうことで意味のちがいが出てきます。

　それだけでは意味をもたない要素を組み合わせて、意味のある単語を無限に作り出すことができるのが、「言語」なのです。

手の形(5) …… 両手の手話

Ⅰ―発音のしくみ

> **両手で表す手話単語**には、左右の手の形が同じものと、ちがうものがあります。
> ここでは、**左右の手の形がちがうもの**を勉強しましょう。

左右の手の形がちがうときは、利き手が意味の上で重要な意味をもち、非利き手は基本的にはそえものです。非利き手は「パー」の形や「グー」の形になるものが多くあります。

練習 動画を見て、両手で表す主語のうち、左右の手の形がちがうものを練習しましょう。

1 非利き手が「パー」でも「グー」でも意味が変わらない単語を練習しましょう。非利き手の形はほとんどの場合、「グー」か「パー」になります。

〈例えば〉 〈例えば〉 〈なぜ／どうして〉 〈なぜ／どうして〉

2 非利き手が、お皿のように場所だけを提供している単語を練習しましょう。これらの単語では、非利き手の形は「パー」のみで、「グー」は用いません。

〈汚い〉 〈決定〉 〈決意〉

3 これまでに学習した「パー」の手形だけを使って次の文を表しましょう。

〈手話〉

〈勉強〉

〈楽しい〉

「手話の勉強は楽しい」

問題 DVD

荷物を持っていて、片方の手が使えません。そういう時に、両手の手話を、どう表したらいいでしょう。解答は動画で確認しましょう。

(1) 本　　(2) 学校　　(3) 元気　　(4) 活動

〈本〉　〈学校〉　〈元気〉　〈活動〉

(5) 例えば　(6) ありがとう　(7) なぜ／どうして　(8) 判断

〈例えば〉　〈ありがとう〉　〈なぜ／どうして〉　〈判断〉

I 発音のしくみ

レッスン6 位置

Ⅰ—発音のしくみ

> 手話単語が表される**位置**には、決まりがあります。
> 多くの手話単語は、**体の前、胸のあたり**で表されますが、**顔のまわり**で表される単語もあります。
> 顔だけでも、ひたい、目、鼻、口、ほおなど、いろいろな場所があります。**同じ手の形でも、表される場所がちがうと別の意味**になります。

同じ手形で、表される場所によってちがう意味になる単語を見ていきましょう。

練習
動画を見ながら、同じ手の形でも表される場所によってちがう意味になる単語を、練習してみましょう。

1 〈思う〉〈ウソ〉

2 〈おいしい〉〈大事〉

3 〈熱〉〈わかる〉

〈熱〉

〈わかる〉

問題

次の手話単語が表される位置はどこでしょう。解答は動画で確認しましょう。

(1) 〈言う〉
(　　　　)

(2) 〈見る〉
(　　　　)

(3) 〈良い〉
(　　　　)

(4) 〈悪い〉
(　　　　)

(5) 〈病気〉
(　　　　)

(6) 〈苦労・お疲れ様〉
(　　　　)

(7) 〈わかる〉
(　　　　)

(8) 〈わからない〉
(　　　　)

(9) 〈猫〉
(　　　　)

(10) 〈犬〉
(　　　　)

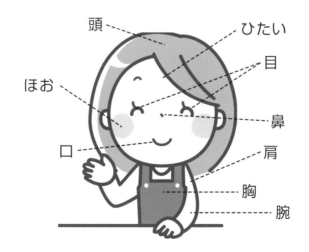

Ⅰ—発音のしくみ

レッスン7 動き

手話の単語には**動き**があります。

前に**押し出す動き**、自分の**体に近寄ってくる動き**、**回転する動き**、**上下の動き**、**水平の動き**、**ななめ下向きの動き**などがあります。

さまざまな動きをともなう手話の単語を覚えましょう。

練習 動画を見ながら、動きの練習をしてみましょう。

【前に押し出す】

〈男〉

【体の前に移動】

〈行く〉

【体に近寄る】

〈来る〉

【回転】

〈毎日〉

【ななめ下】

〈許可する〉

【水平】

〈一緒〉

【水平】

〈準備〉

【下から上に】
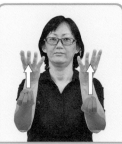
〈おめでとう〉

問題

ここまでのまとめの問題です。

動画を見て、（1）〜（7）の手話単語の手形、位置、動きを、選択肢から選び、表に書きましょう。

意味	手形	場所	動き
選択肢	A ✊ B ☝️ C 🤙 D 👆 E ✋	・口 ・胸の前 ・耳の横 ・目 ・手首 ・手のひら	・上から下 ・上から下に回転 ・内から外 ・閉から開 ・下から上 ・下から上に回転 ・前にはらう
（例）〈起きる〉	A ✊	耳の横	上から下
（1）〈目を覚ます〉			
（2）〈食べる〉			
（3）〈着替える〉			
（4）〈(家を)出る〉			
（5）〈バス〉			
（6）〈着く〉			
（7）〈勉強する〉			

レッスン8 ミニマル・ペア

Ⅰ―発音のしくみ

> 日本語の「赤（あか）」と「朝（あさ）」は、音が一つちがうだけでまったくちがう意味の言葉になります。このような２つの言葉を、**ミニマル・ペア**といいます。
>
> 日本手話にもミニマル・ペアがあります。
>
> 手話をつくる３つの要素、**手の形、位置、動き**の中で**２つが同じで１つだけちがう**ものです。

〈男〉と〈女〉という手話単語は、手の形はちがいますが位置と動きは同じです。３つの要素の中の１つだけが異なるので、ミニマル・ペアです。

ミルマル・ペアを知ることで、いろいろな手話をどのように見分けるのか、どのような点に気をつけて手話を表せばいいのかがわかります。

練習

動画を見ながら、ミニマル・ペアの練習をしてみましょう。

1
ミニマル・ペア 〈男〉／〈女〉

2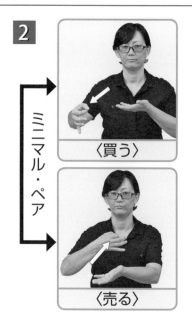
ミニマル・ペア 〈買う〉／〈売る〉

3
ミニマル・ペア 〈見る〉／〈言う〉

問題

次のミニマル・ペアはどこがちがうでしょうか。動画を見て、表の中に書きましょう。

意味	手形	位置	動き
（例）〈男〉	☜	胸（右手の前）	押し出す
〈女〉	☜	胸（右手の前）	押し出す
(1)〈新しい〉			
(2)〈おめでとう〉			
(3)〈おかしい〉			
(4)〈かまわない〉			
(5)〈黄色〉			
(6)〈なるほど〉			

自分でミニマル・ペアを考えてみましょう。たとえば、〈元気〉のミニマル・ペアにはどんな単語があるでしょう。

手話の文字

Ⅰ—発音のしくみ

手話には文字がありません。 日本手話だけでなく、世界中の手話は、文字をもたない言語なのです。

しかし、文字と似たものに、指文字があります。では、指文字とは何でしょう。

指文字は、**日本語の50音（あいうえお…）** を手で表したものです。日本語を手で表したものですから、指文字は手話ではありませんが、手話の中で便利に使われることがあります。

このレッスンでは、指文字について学びましょう。

指文字は手話の語りの中で使われますが、指文字がいくらうまくなっても手話がうまくなったことにはなりません。しかし、手話単語を知らないときに指文字を使えるとちょっと助かるので、覚えておきましょう。

練習 動画を見ながら、指文字の練習をしてみましょう。
濁点（゛）、半濁点（゜）も練習しましょう。

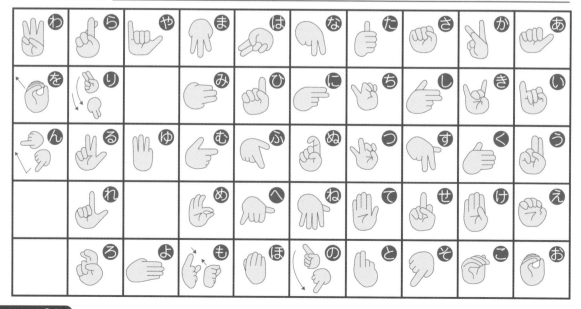

問題

❶

動画を見て、指文字が同じなら○、ちがうなら×と答えましょう。

(1) (　　　)
(2) (　　　)
(3) (　　　)
(4) (　　　)
(5) (　　　)
(6) (　　　)

❷

動画を見て指文字を読み取り、選択肢の中の正しいものに○をつけましょう。

(1) 　A：ベス　　　B：ベル　　　C：ベム
(2) 　A：キン　　　B：ギン　　　C：キソ
(3) 　A：アニメ　　B：メダル　　C：メタル
(4) 　A：サトシ　　B：マサシ　　C：タケシ
(5) 　A：パリ　　　B：バリ　　　C：ハリ

❸

次の単語を指文字で表してみましょう。解答は動画で確認しましょう。

(1) サッカー
(2) 東京
(3) 京都
(4) 北海道
(5) タブレット
(6) シーサイド
(7) クレオパトラ
(8) サプリメント
(9) クレジットカード
(10) キャラメルマキアート

| おまけ | 数字の手話 | |

数字を手話で表すとどうなるでしょう。

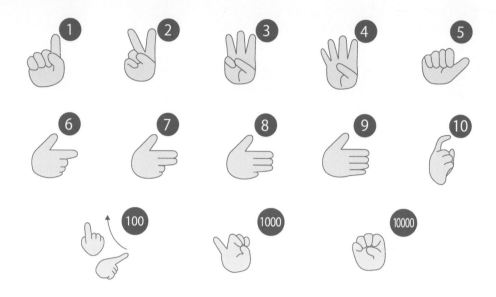

| 練習 | 動画を見ながら、数字の練習してみましょう。 | |

■1〜4は、手話を知らない人も使いますね。5以上は、手話ならではの形です。むずかしいのは8ですが、これは相手から見て3本の指が見えればいいので、内側にある小指がきちんと曲がっている必要はありません。

■10は1の人差し指の形を曲げた形です。20、30、40・・・も同様にそれぞれのもとになった数字を曲げて表します。

■100、1000、1万などのけたにはそれぞれ別の形があります。
どんなに大きな数になっても片手だけで表すことができます。便利ですね。

※DVDで正解を確かめましょう。

| ゲーム | 手話の数字でジャンケン |

ペアになって手話の数字を使ったジャンケンをしてみましょう。大きい数を出したほうが勝ちです。先生と同じ数字を出した人が残っていくゲームもできます。最後のペアになったら数字が大きいほうが勝ちです。

問題

❶

動画を見て、表されている数字を書きましょう。

(1)		(7)	
(2)		(8)	
(3)		(9)	
(4)		(10)	
(5)		(11)	
(6)		(12)	

❷

次の数字を手話で表してみましょう。解答は動画で確認しましょう。

11、13、18、22、25、30、33、37、
40、44、48、50、59、60

クラス活動のときなどに、クラスの人数、日付（〇月×日）、その時間は何時間目か、などを数字の指文字で表してみてもよいでしょう。

❸

数字の〈1〉と〈2〉だけで作った手話のお話を、動画で見てみましょう。どういうお話かわかりますか。

❹

数字の1の手形だけで表される手話単語を、たくさん集めてみましょう。

Ⅰ-発音のしくみ の 新出単語

写真はヒントです。
正しい表現は動画で確認しましょう。

レッスン 1
10ページ

練習1 10ページ

〈魚〉 〈山〉

〈本当〉

〈わかる〉

〈質問する〉 〈お願いする〉

練習2 11ページ

〈今日〉

〈働く〉

〈方法〉

練習3 11ページ

〈きれい〉 〈説明する〉

〈到着する〉

練習4 11ページ

〈のんびり〉

〈あわてる〉

〈文化〉

〈交流〉

問題2 11ページ

〈仕事〉

〈休み〉

〈黒〉

〈大事〉

レッスン 2　　　12ページ

練習　12〜13ページ

〈苦労・お疲れ様〉

〈作る〉

〈元気〉

〈自由〉

〈わがまま〉

〈いる〉

問題2　13ページ

〈よろしくお願いします〉

〈天気〉

レッスン 3　　　14ページ

練習4　15ページ

〈行く〉

〈来る〉

〈教える〉

レッスン 4　　　16ページ

問題　17ページ

〈パン〉

〈バカ〉

〈忘れる〉

〈好き〉

〈嫌い〉

〈基本〉

〈緊張〉

〈帰る〉

〈幸せ〉

レッスン 6　　20ページ

問題 21ページ

 〈悪い〉　　〈わからない〉　　〈猫〉　 〈犬〉

レッスン 7　　22ページ

問題 23ページ

 〈起きる〉　 〈目を覚ます〉　 〈食べる〉　 〈着替える〉

 〈(家を)出る〉　 〈バス〉　 〈勉強する〉

レッスン 8　　24ページ

問題 25ページ

 〈おかしい〉　 〈かまわない〉　 〈黄色〉　 〈なるほど〉

Ⅱ
日本手話の文法

レッスン10 普通の文 — 肯定文

これまでは、主に手話の単語を表す練習をしてきました。ここからはいよいよ**文の練習**です。
まずは、**基本的な文**の練習をしてみましょう。

日本手話の基本的な文の形は、

主語（S）＋目的語（O）＋動詞（V） です。

手話ラベルで文を表すときは、〈僕／サッカー／好き〉のように、文全体を〈　〉で囲み、単語の切れ目に／を入れます。

練習

動画を見て基本的な文の形を練習しましょう。

1 動画を見ながら、次の文を練習してみましょう。
　①僕はサッカーが好きです。〈僕／サッカー／好き〉
　②私はイチゴが好きです。〈私／イチゴ／好き〉

〈サッカー〉

〈イチゴ〉

2 次の単語の中から好きなものを選んで文を作ってみましょう。
　食べ物　〈みかん〉〈バナナ〉〈ハンバーガー〉〈アイスクリーム〉
　飲み物　〈コーヒー〉〈紅茶〉〈ジュース〉〈コーラ〉
　スポーツ　〈野球〉〈テニス〉〈水泳〉〈バスケットボール〉

※この章の各レッスン中の新出単語については、P.52～にヒントになる写真があります。

問題

解答は動画で確認しましょう。

❶

例文にならって、「私は〇〇を練習する。」という意味の手話の文を作りましょう。

(例)「僕はサッカーを練習します。」

(1) 私はテニスを練習します。

(2) 僕は水泳を練習します。

(3) 私はバスケットボールを練習します。

〈練習〉

❷

例文にならって、「あなたは〇〇を飲みます。」という意味の手話の文を作りましょう。

(例)「あなたはコーヒーを飲みます。」

(1) あなたは紅茶を飲みます。

(2) あなたはコーラを飲みます。

(3) あなたはジュースを飲みます。

〈飲む〉

❸

例文にならって、「〇〇さんは××を食べます。」という意味の手話の文を作りましょう。人の名前は指文字で表してみましょう。

(例)「ヒトミはみかんを食べます。」

(1) アキラはバナナを食べます。

(2) サトシはハンバーガーを食べます。

(3) サトコはアイスクリームを食べます。

(4) ヤスシはご飯を食べます。

〈食べる〉

※食べ方に応じて〈食べる〉という動詞の形が変わることに注意して、動画をよく見るようにしましょう。

レッスン11 否定文（1）……基本的な否定文

> ここからは、手話の否定表現について学んでいきます。手話で否定を表す方法はいろいろあります。
> まず、覚えたいのは、**〈ない〉**と**〈ちがう〉**の2つです。基本的な否定の形を学習しましょう。

〈ない〉は、〈ある〉か〈ない〉をいうときの〈ない〉です。この〈ない〉は、〈いる〉〈いない〉のときにも使えます。

〈ちがう〉は、つぎの述語が名詞や形容詞の場合に使います。これは日本語の「～ではない」に当たります。

〈ちがう〉

練習

動画を見て、〈ない〉〈ちがう〉を用いた文を練習しましょう。

1 何かが〈ある〉〈ない〉、〈いる〉〈いない〉というときの形を練習しましょう。首を振っていることにも注意してください。

〈ある〉

〈ない〉

〈いる〉

〈いない〉

2 次の文を〈ない〉を用いて否定文にしましょう。
(1) 本がある。→ 本はない。
(2) バナナがある。→ バナナはない。
(3) 猫がいる。→ 猫はいない。
(4) 先生がいる。→ 先生はいない。

〈否定のときの顔〉

3 次の文を、〈ちがう〉（～ではない）を用いて否定文にしましょう。
(1) 「私は佐藤だ」⇒ 私は佐藤ではない。
(2) 「私は学生だ」⇒ 私は学生ではない。
(3) 「私はハンバーガーが好きだ」
　　⇒ 私はハンバーガーが好きではない。
(4) 「私はサッカーが好きだ」
　　⇒私はサッカーが好きではない。

〈佐藤〉

4 次の文を手話で表してみましょう。
(1) あなたは先生ではない。
(2) 私は斉藤ではない。
(3) あなたはコーラが好きではない。
(4) 猫は魚が好きではない。

〈嫌い〉

「好きではない」の代わりに「嫌いだ」ということもできますが、「好きではない」と「嫌いだ」はまったく同じではありませんね。
　手話でも〈ない〉と〈嫌い〉は違う形をとります。

問題　DVD

次の日本語の文を正しく表しているのはA、Bのどちらでしょう。動画をよく見て答えましょう。

(1) 私はサッカーが好きではない。　A　B
(2) 東京に富士山はない。　A　B
(3) 教室に犬はいない。　A　B
(4) 私は熱はない。　A　B
(5) あれは学校ではない。　A　B

Ⅱ—日本手話の文法

レッスン12 否定文（2）……動詞の否定

　ここでは、述語が動詞になっている否定文を見ていきましょう。動詞の否定には、いろいろな意味があります。
　まず、いちばん基本的な2つの形、〈ない〉と〈いいえ〉を勉強しましょう。

　動詞の否定でも、〈ない〉はレッスン11で学んだ形が使われます。
　〈いいえ〉は、手を横に振る形で、手のひらが横に向いている形と、正面を向いている形の2種類がありますが、意味は同じです。

　〈ない〉と〈いいえ〉のちがいはどこにあるでしょうか。〈　〉の中に入っているのは手話ラベルで、日本語の「いいえ」という意味ではないことを思い出してください。

　〈ない〉は、その時点でまだ終わっていないことを表すことが多く、日本語の「～していない」に近くなります。「私はその本をまだ読んでいないが、これから読むかもしれないし、読まないかもしれない」というような場合です。

〈ない〉

　それに対し、〈いいえ〉は、意思の否定の意味があり、「私はその本を読まない（これからも読むつもりはない）」という意味になります。

〈いいえ〉

練習 2種類の動詞の否定形を練習しましょう。

1 動画を見て、2種類の動詞の否定形を練習しましょう。
(1) 私／本／読む〈ない〉
　　私／本／読む〈いいえ〉
(2) あなた／イチゴ／食べる〈ない〉
　　あなた／イチゴ／食べる〈いいえ〉
(3) 太郎／学校／行く〈ない〉
　　太郎／学校／行く〈いいえ〉

　(3)を日本語に訳すと、「太郎は学校に行っていない」と「太郎は学校に行かない」に近くなります。さらに、動詞と〈ない〉の間に切れ目が入ると「〜したことがない」という経験の否定になります。切れ目（間）があるかどうかで意味がちがってきますので、注意が必要です。

2 次の日本語の意味に合う否定文を手話で表してみましょう。
(1) 今日は宿題がない。
(2) （だから）勉強しない。
(3) 私はお腹がすいていない。
(4) （だから）パンは食べない。
(5) その本は読んでいない。
(6) その本を読むつもりはない。
(7) その映画は見ていない。

〈宿題〉

問題

動画を見て、次の日本語を正しく表している手話をA・Bから選びましょう。
(1) 私はバナナが好きではない。　　A　　B
(2) （だから）バナナは食べない。　　A　　B
(3) パンは食べていない。　　A　　B
(4) 私の家にテレビはない。　　A　　B
(5) 私はテレビは見ない。　　A　　B
(6) アイスクリームは買っていない　　A　　B

レッスン13 否定文（3）……さまざまな否定

> さらに、いろいろな意味の否定文を見ていきましょう。
> **可能性**の否定、**経験**の否定、**完了**の否定（未完了）、必要性の否定などは、手話でどのように表されるでしょうか。

日本手話では、さまざまな否定の種類に応じて、表しかたが異なります。内容に応じた否定の表しかたを知っておくことが大切です。

練習 動画を見て、いろいろな意味の否定文を練習しましょう。

可能性の否定、経験の否定、完了の否定、必要性の否定の、4パターンの否定文を練習しましょう。

〈無理〉　〈ない〉　〈まだ〉　〈不要〉

（1）私はイチゴが食べられません。
　　　（可能性の否定）　→　〈無理〉
（2）私はイチゴを食べたことがありません。
　　　（経験の否定）　→　〈経験ない〉
（3）私はまだイチゴを食べていません。
　　　（完了の否定）　→　〈まだ〉
（4）私はイチゴを食べる必要がありません。
　　　（必要性の否定）　→　〈不要〉

問題

●―――――――――――――――――――――――

動画を見て、次の日本語を正しく表している手話をA・B・Cから選びましょう。

(1) 私はまだコーラを飲んでいない。
  A B C

(2) 人だかりで見えなかった。
  A B C

(3) 友だちと（しばらく）会っていない。
  A B C

〈友だち〉

コラム　～かっこよく否定しよう～

　否定の表現はここまで見てきたもの以外にもたくさんあります。たとえば、「見えない」は〈見る／無理〉で表すことができますが、1語で〈見えない〉という単語もあります。同様に、〈聞こえない〉、〈読めない〉なども1語で否定を表す表現があります。
　また、パーという口型を使う異なる否定表現が、「電車に間に合わなかった」、「私は納豆は全く食べられない」などの時に使われます。自分で使うのはむずかしくても、見てわかるといいですね。

 疑問文（1）……Yes/No疑問文

> 次に、「～ですか？」と疑問を表現する手話について学びましょう。
> 疑問文には、「はい」か「いいえ」で答えられる**Yes/No疑問文**と、知らない情報をたずねる**Wh疑問文**があります。
> まず、**Yes/No疑問文**の表しかたから学習しましょう。

「パンを食べた？」のように、「はい」か「いいえ」で答えられるのが、Yes/No疑問文です。

日本語の話しことばでは、イントネーションで肯定文か疑問文かを区別できます。例えば、「パンを食べた↘」と文末を下げて言えば肯定文、「パンを食べた↗」と文末を上げて言えば、疑問文になりますね。

〈YES/NO疑問文の顔〉　〈Wh疑問文の顔〉

それと同じように、日本手話では、「目の見開き」「眉あげ」がYes/No疑問文のしるしとなります。このような表情をみたらYes/No疑問文ですので、〈はい〉か〈いいえ〉で答えましょう。

日本手話では、**顔の表情が文法的な意味**をもっているのです。

練習　動画を見て、Yes/No疑問文を練習しましょう。

動画を見ながら、Yes/No疑問文の顔の表情である、「目の見開き」「眉あげ」を練習してみましょう。
（1）これは本ですか。
（2）あなたは佐藤さんですか。
（3）あなたはバナナが好きですか。

問題

❶

動画を見て、肯定文か疑問文か、正しいほうに○を書きましょう。

	肯定文	疑問文
(1)		
(2)		
(3)		
(4)		
(5)		
(6)		
(7)		
(8)		
(9)		
(10)		
(11)		
(12)		

〈名前〉

〈スポーツ〉

〈誕生日〉

〈いつ〉

〈テニス〉

〈野球〉

❷

動画を見て、質問に対して肯定・否定の両方の手話で答えましょう。

(1) あなたはバナナを食べますか。

(2) あなたはハンバーガーを食べますか。

(3) あなたはアイスクリームが好きですか。

(4) あなたはバスケットボールを練習しますか。

Ⅱ―日本手話の文法

レッスン15 疑問文（2）…… Wh疑問文

　このレッスンでは、手話の**Wh疑問文**について勉強します。
　だれが（who）、いつ（when）、どこで（where）、なにを（what）、なぜ（why）、どのように（how）のことを、**5W1H**といいます。
　この5つのWと1つのHをたずねる疑問文のことを、**Wh疑問文**といいます。

　Wh疑問文には、Yes/No疑問文とはちがう顔の表情があります。左右への細かい首ふりです。ほとんどの場合、眉上げや目の見開きがつきます。
　日本手話と英語や日本語の疑問詞の位置を、比べてみましょう。

■日本手話では、疑問詞は文のいちばん最後に置きます。
　1　佐藤/ 図書館/ 雑誌/ 読む/ いつ ？
　2　きのう/ 佐藤/ 雑誌/ 読む/ どこ ？
　3　きのう/ 図書館/ 雑誌/ 読む/ だれ ？
　4　きのう/ 図書館/ 佐藤/ 読む/ 何 ？
　5　きのう/ 図書館/ 佐藤/ 雑誌/ 読む/ どうして ？
　6　きのう/ 図書館/ 佐藤/ 雑誌/ 読む/ 方法 （どうやって） ？

■英語では、疑問詞は文のはじめに置きます。
　1　When did Sato read the magazine in the library?
　2　Where did Sato read the magazine yesterday?
　3　Who read the magazine in the library yesterday?
　4　What did Sato read in the library yesterday?
　5　Why did Sato read the magazine in the library yesterday?
　6　How did Sato read the magazine in the library yesterday?

■日本語では疑問詞はどこに置くでしょうか。書いて比べてみましょう。

練習

動画を見て、Wh疑問文の練習をしてみましょう。

「昨日、佐藤さんは図書館で雑誌を読みました。」
動画を見て①〜④の疑問詞を練習しましょう。

① 〈いつ〉

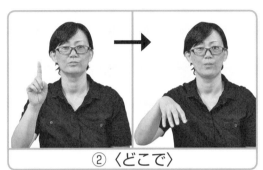
② 〈どこで〉

③ 〈だれが〉

④ 〈何〉

⑤ 〈どうして〉

⑥ 〈どうやって〉

問題

動画を見てYes/No疑問文かWh疑問文か、正しいほうに○を書きましょう。

	Yes/No疑問文	Wh疑問文
(1)		
(2)		
(3)		
(4)		
(5)		
(6)		
(7)		
(8)		
(9)		
(10)		

Wh疑問の顔

Ⅱ 日本手話の文法

レッスン16 手話の表情……比較級・最上級

Ⅱ－日本手話の文法

> 日本手話では、**顔の表情**に感情表現のための表情とは違う役割＝文法的な役割があります。
>
> では、「うれしい」、「**もっと**うれしい」、「**最高に**うれしい」という気持ちを、どのように表現するでしょう。
>
> 日本手話では「もっと」「かなり」「大変に」「最高に」のような**程度を表す副詞**を、手の動きではなく**顔の表情**で表します。そこには規則性があります。

日本手話では、「もっと〜」という表現（比較級）を、特定の顔の表情で表します。程度が増すと、動きが速く、大きくなります。

そして、「もうそれ以上はない！」（最上級）という場合には、単語のはじめに一瞬の「間」が入り、目が閉じたり細まったりします。動きは逆にゆっくりになることがあります。

「とっても＋悲しい」「すごく＋悲しい」「ちょっと＋悲しい」のように、日本語では2語になるところを、手話では表情によって「とっても悲しい」を1語で表すことができます。これを手話の同時性ということもあります。

練習　動画を見て、比較級・最上級の練習をしましょう。

1 動画を見て、〈うれしい〉、〈もっとうれしい〉、〈最高にうれしい〉を練習しましょう。

2 動画を見て、次の①〜⑤の語について、「もっと〜」「最高に〜」という、程度に応じた表現を練習しましょう。
① 〈悲しい〉　② 〈おいしい〉　③ 〈美しい〉　④ 〈大きい〉　⑤ 〈小さい〉

問題

❶

動画を見て、AとBの程度が強いほうに○を書きましょう。目の動きにも注意しましょう。

	A	B
(1)		
(2)		
(3)		
(4)		
(5)		
(6)		

〈おもしろい〉

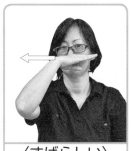
〈すばらしい〉

❷

動画を見て、A、B、Cの手話の程度が弱いものから順に、1、2、3を記入しましょう。

		A	B	C
(1)	〈走る〉			
(2)	〈おもしろい〉			
(3)	〈暑い〉			

〈暑い〉

❸

顔の表情の総合問題です。動画を見て、手話の意味を正しく表しているものをA・B・Cから選び、○をつけましょう。

(1)　A：走る
　　　B：一生懸命に走る
　　　C：走らない

(2)　A：ケーキを食べない
　　　B：ケーキはすごくおいしい
　　　C：ケーキ食べる？（疑問文）

〈走る〉

レッスン 17 うなずき

Ⅱ―日本手話の文法

> 日本手話の**うなずき**は、**文中の切れ目**や、**文の始まり・終わり**を表します。日本語の「、」や「。」のはたらきに似ていますね。
> ここでは、日本手話におけるうなずきのはたらきについて学習しましょう。

　うなずきは意味の切れ目を表します。そのため、うなずきのあるなしによって、意味が変わってきてしまうこともあります。
　たとえば、「私の父」と言う場合には、手話単語〈私〉と〈父〉の間にうなずきは入りません。ひと続きに〈私／父〉と表されます。
　〈私〉と〈父〉の間にうなずきが入ると、「私と父」という意味になります。
　まず、うなずきのあるなしが区別できることをめざしましょう。

練習　動画を見て、うなずきを用いた表現を練習しましょう。

　動画を見て、それぞれの文の違いを読み取りましょう。また、動画に合わせて表現してみましょう。
　　（1）私の父／私と父
　　（2）私の弟／私と弟
　　（3）あなたのお母さん／あなたとお母さん

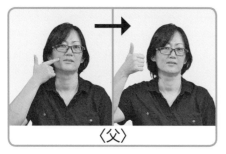  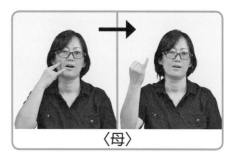

〈父〉　　〈弟〉　　〈母〉

問題

❶

動画を見て、手話が何を表しているか、選択肢から選びましょう。

(1) A：父の兄（おじ）
　　 B：父と（私の）兄

(2) A：私の友だち
　　 B：私と友だち

(3) A：あなたの妹
　　 B：あなたと（あなたの）妹

(4) A：あなたの弟と私
　　 B：あなたと弟と私
　　 C：あなたと私の弟

〈兄〉

〈妹〉

❷

「私」「私の姉」「母」「母の姉（おば）」という人の登場人物がいます。動画を見て、ハワイに行くのは何人か、また、だれとだれが行くのか答えましょう。

	何人行くのか？	だれが行くのか？
(1)		
(2)		
(3)		
(4)		
(5)		

〈ハワイ〉

〈姉〉

レッスン 18 過去・現在・未来 …… 時制とアスペクト

Ⅱ―日本手話の文法

> 日本語では、過去、現在、未来のことを表すとき、「食べた」「食べる」「食べるでしょう」のように、動詞の形が変わります。
>
> しかし、日本手話で**過去**、**現在**、**未来**を表すときには、動詞の形を変える必要はありません。代わりに**時を表す単語**を使います。
>
> また、「〜している」という**現在進行形**、「すでに〜してしまった」という**完了形**にも、それぞれ決まった形を動詞の後につけて表します。

日本手話では、過去、現在、未来のことを表すときには、たとえば、〈昨日〉〈今日〉〈明日〉のような時を表す単語を使います。

また、「〜している」という現在進行中のことを表す場合には、動詞の後に「〜している最中」であることを示す、〈中〉をつけます。

「すでに〜してしまった」という完了を表すときには、動詞の後に〈終わる〉と同じ形をつけます。

〈昨日〉

〈今日〉

〈明日〉

〈中〉

〈終わる〉

練習

動画を見て、過去や未来を表す表現、進行中であることや完了していることを表す表現を練習しましょう。

1 動画を見て、「今日カレーを食べる」「昨日カレーを食べた」「明日カレーを食べる（だろう）」の違いを見つけましょう。

2 動画を見て、現在進行形と完了形を練習しましょう。
　（1）私はそのマンガをもう読みました。
　（2）私はそのマンガをまだ読んでいません。
　（3）私はそのマンガを今読んでいます。

〈マンガ〉

問題

次の日本語を正しく手話で表現しているのは、A・Bのどちらでしょうか。○をつけましょう。

（1）「死んでいる」　　　A　　　B
（2）「掃除している」　　A　　　B
（3）「結婚している」　　A　　　B

〈死ぬ〉

〈掃除〉

〈結婚〉

おまけ

「むかーし、むかし、あるところに…。」動画を見て、どれがいちばん古い〈昔〉か、A・B・Cから選びましょう。

　　　　　　　　　A　　　B　　　C

II - 日本手話の文法 の 新出単語

写真はヒントです。
正しい表現は動画で確認しましょう。

レッスン 10

 34ページ

 〈みかん〉
 〈バナナ〉
 〈ハンバーガー〉
 〈アイスクリーム〉
 〈コーヒー〉
 〈紅茶〉

 〈ジュース〉
 〈コーラ〉
 〈野球〉
 〈水泳〉
 〈バスケットボール〉

レッスン 11　　36ページ

 〈先生〉
 〈学生〉
 〈斉藤〉
 〈東京〉
 〈富士山〉
 〈教室〉

レッスン 12　　38ページ

 〈勉強〉
 〈映画〉
 〈テレビ〉

レッスン 16　　46ページ

 〈悲しい〉
 〈美しい〉
 〈大きい〉
 〈小さい〉
 〈難しい〉
 〈ケーキ〉

レッスン 18　　50ページ

 〈カレー〉
 〈読む〉

III
CLとは

レッスン19 CLの練習（1）……平面

Ⅲ―CLとは

　CL（Classifierの略）とは、物の形や材質、大きさや動きなどを表すものです。

　細長いものを数える時の1本、2本の「本」、1枚、2枚の「枚」、1冊、2冊の「冊」のような日本語の助数詞は、CLに当たります。

　細長いもの、薄いもの、厚みのあるものなど、**CLには決まった表しかた**があります。これは**世界中の手話に共通のルール**といってもいいでしょう。

　CLを使いこなすことで、手話の表現はとてもゆたかになります。まず、ここでは物の形を表すCL表現を学習していきましょう。

　物の形を表すCL表現の手はじめに、平面の図形の表しかたを学習しましょう。平面図は、基本的には体の中心から左右対称に、人差し指を使って描きます。丸は下を起点にして一周ぐるっと描きます。

 動画を見て、平面の図形の表しかたを練習しましょう。

動画を見ながら、次の3つの図形を表現しましょう。

(1)　　　　　　　　(2)　　　　　　　(3)

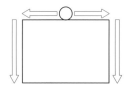 

問題

❶
次の図形を正しく表しているものをA・B・Cから選び、○をつけましょう。

(1) 　A　B　C

(2) 　A　B　C

(3) 　A　B　C

❷
動画を見て、手話が表している形をA・B・Cから選び、○をつけましょう。

(1)

(2)

(3)

おまけ

動画を見て、手話がさしている文字をつなぐとどんな言葉になるでしょう。

う	く	あ
ず	か	ざ
え	き	い

レッスン20 CLの練習（2）……形状・性質

Ⅲ—CLとは

　同じ正方形でも、折り紙、ハンカチ、座布団では**大きさ**や**厚み**など、ずいぶんちがいがあります。それを手話ではどのように区別すればよいでしょうか。

　同じ球にも**さまざまな大きさ**があります。野球のボール、サッカーボール、大玉ころがしの大玉を、手話ではどう区別するのでしょうか？

　ここでは、**CLで物の形や性質を表す方法**を学習しましょう。

　手話と身ぶり（ジェスチャー）はちがいます。手話には、形や大きさ、性質を表すためのルールがあり、いつでも誰にでも正確に伝えることができます。
　それに対してジェスチャーには、特にルールはありません。人によって表しかたが異なり、いつも確実に伝わるとはかぎりません。

練習

動画を見て、CLで物の形や性質を表す練習をしましょう。

1. 動画を見て、次の形の表し方かたを練習しましょう。大きさ、厚み、質感（かたさ、やわらかさ）などに注意しましょう。
   - （1）折り紙
   - （2）ハンカチ
   - （3）座布団
   - （4）ブロック

2. 動画を見て、次の形の表しかたを練習しましょう。

（1）　　　　（2）　　　　　　（3）　　　　　　（4）

問題

❶
動画を見て、正しいものをA・B・Cから選び、丸をつけましょう。

（1）ビールのジョッキの形は？
　　　A　　B　　C

（2）右のワイングラスの形は？
　　　A　　B　　C

❷
動画を見て、(1)～(3)の歩く様子を表している手話をA・B・Cから選び、線で結びましょう。

　　　　　（1）千鳥足で歩く　　（2）急坂を歩く　　（3）ふつうに歩く
　　　　　　　　・　　　　　　　　　・　　　　　　　　　・

　　　　　　　　・　　　　　　　　　・　　　　　　　　　・
　　　　　　　　A　　　　　　　　　B　　　　　　　　　C

❸
動画を見て、(1)～(3)の乗り物の様子を表している手話をA・B・Cから選び、線で結びましょう。

（1）車が止まっている　（2）バスが止まっている　（3）自転車が止まっている
　　　　・　　　　　　　　　・　　　　　　　　　　　・

　　　　・　　　　　　　　　・　　　　　　　　　　　・
　　　　A　　　　　　　　　B　　　　　　　　　　　C

❹
動画が表している水玉模様は、A・Bのどちらでしょうか。

レッスン21 CLの練習（3） ……… 立体

Ⅲ－CLとは

> 円柱と円すいのちがいを、手話でどう表したらいいでしょうか。
> このレッスンでは、**立体の表しかた**を学習します。さまざまな形のちがいがわかるようなCL表現を身につけましょう。

三角柱、三角すい、四角柱、四角すい、円柱、円すい…。

立体にもさまざまな形があります。それぞれ、手話でどのように表せばよいのか、覚えておきましょう。

練習　動画を見て、立体を表すCL表現を練習しましょう。

1 動画を見て、それぞれの立体の表しかたを練習しましょう。

 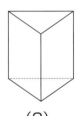 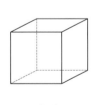 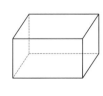

　　（1）　　　　　　（2）　　　　　　（3）　　　　　　（4）

2 立体の向きが変わったり太さが変わったりすると、手話ではどのような表現になるでしょうか。動画を見て練習しましょう。

 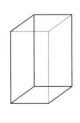 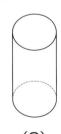

　　（1）　　　　　　（2）　　　　　　（3）　　　　　　（4）

問題

❶
A～Dの動画は、次の立体のどれを表したものでしょうか。
（　　）に記号を書きましょう。

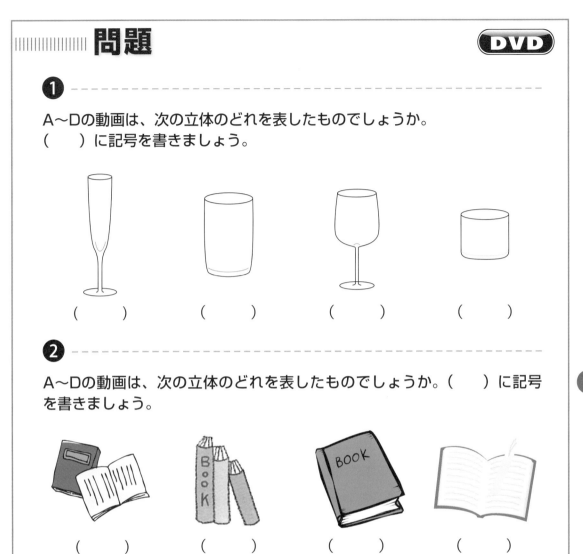

❷
A～Dの動画は、次の立体のどれを表したものでしょうか。（　　）に記号を書きましょう。

おまけ

　お墓とビルは、似ているCL表現ですが、どちらが上から、どちらが下から表すでしょうか？　また、ビルがたくさん立ち並んでいるときは、どのように表すでしょうか？　動画で解答を確認しましょう。

（1）〈お墓〉　　　　（2）〈ビル〉　　　　（3）〈ビル群〉

レッスン22 CLの練習(4)……位置関係

Ⅲ-CLとは

> **位置関係**を相手にわかりすく伝えるためには、「近い(まあまあ近い、すごく近い)」「遠い(まあまあ遠い、すごく遠い)」なども正確に表せることが大切です。このような距離を表す表現も、位置を判断する際に大事な情報になります。
>
> ここでは、**位置関係を表すCL表現**を学習します。まず平面での表しかたを身につけて、3次元へと広げていきましょう。

〈近い〉〈遠い〉を表す手話を覚えましょう。

〈近い〉…目は近いものを見るような視線。肩は前に傾いて体全体を小さくする。口の形が「イ」の形になることが多い。

〈近い〉

〈遠い〉…遠いものを見ているような視線。肩を開いて(後ろにさげて)遠くに向けて距離を作る。

〈遠い〉

練習

動画を見て、位置関係を表すCL表現を練習しましょう。

1 動画を見て、〈近い〉〈遠い〉を練習しましょう。目、肩、口の形も、単語の意味をつくる重要な条件です。手だけではなく体全体をまねるようにしましょう。

2 動画を見て、次の図形の表しかたを練習しましょう。大きさのちがいにも注意しましょう。

(1)

(2)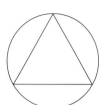

問題

動画を見て、手話が表している形をA・B・Cから選び、○をつけましょう。

(1) A　　　　　　　B　　　　　　　C

(2) A　　　B　　　C　　　D

(3) A　　　　　　　B　　　　　　　C

(4) A　　　　　　　B　　　　　　　C

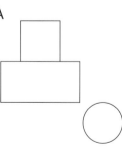 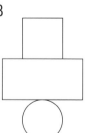 

(5) A　　　　　　　B　　　　　　　C

 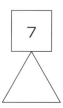

レッスン23 CL動詞と名詞

Ⅲ—CLとは

　同じ手の形を使ったCL単語でも、わずかな動きのちがいによって、動詞になったり名詞になったりするものがあります。

　また、道具を使っておこなう動作を表すCL単語では、手が道具（例：「歯ブラシ」）を表すものや、手が道具を用いている手の動き（「歯をみがく」）を表すものがあります。

　ここでは、**動詞になったり名詞になったりするCL表現**を取り上げます。

　手話のCL表現では、動詞と名詞の両方で使われるものがあります。動作を表すのか物を表すのか、手の動きによって変わってきます。

　また、同じ動作を表すときにも、その動作に使われる道具を表現したり、動き自体を表現したりするものがあります。

練習

動画を見て、動詞になったり名詞になったりするCL表現を練習しましょう。

1　動画を見ながら、次の表現を練習しましょう。動詞なのか名詞なのかに注意しましょう。
　（1）〈自転車／自転車をこぐ〉
　（2）〈車／車を運転する〉
　（3）〈いす／いすに座る〉

2　動画を見ながら、次の2種類の〈歯を磨く〉を練習しましょう。手話が何を表しているのかに注意しましょう。

〈歯を磨くA〉

〈歯を磨くB〉

3 動画を見ながら、次のさまざまな〈食べる〉を練習しましょう。
　　（1）〈パンを食べる〉　　　（2）〈りんごを食べる〉
　　（3）〈みかんを食べる〉　　（4）〈アイスクリームを食べる〉
　　（5）〈おにぎりを食べる〉　　（6）〈カレーを食べる〉
　　（7）〈スパゲッティを食べる〉

〈スパゲティ〉

〈りんご〉

〈おにぎり〉

4 動画を見て、次の2種類の〈薬を飲む〉を練習しましょう。
　　（1）〈薬を飲むA〉
　　（2）〈薬を飲むB〉

〈薬〉

問題　DVD

❶

きのう大阪に行きました。さて、どのような交通手段で行ったのでしょうか。動画を見て答えましょう。

A：車　　B：飛行機　　C：新幹線

〈飛行機〉

〈新幹線〉

❷

「英語の新聞を読んでいます。」を正しく表している手話はどれでしょうか。動画を見て答えましょう。

　　　A　　　B　　　C

❸

「バナナを食べている。」を正しく表している手話はどれでしょうか。動画を見て答えましょう。

　　　A　　　B　　　C

レッスン24 CLのまとめ

Ⅲ―CLとは

　これまでに、いろいろなCL表現を学んできました。CL表現はとても多彩で、表現力ゆたかです。手話という言語の魅力の多くの部分は、このCL表現が担っているといってもよいでしょう。
　「Ⅲ-CLとは」のまとめとして、さらに、さまざまなCL表現を見てみましょう。

練習

動画を見て、さまざまなCL表現を練習しましょう。

1. 動画を見て、〈自転車〉を表すさまざまな手話を練習しましょう。
   - （1）〈自転車①〉…運転する動作からできた名詞
   - （2）〈こぐ〉…動詞
   - （3）〈自転車②〉…自転車の全体像を使った動詞

2. 動画を見て、〈駐車場〉と〈駐輪場〉を練習してみましょう。自動車は手の形が丸いのに対して、自転車は平たい形になっています。

〈自動車〉　〈自転車〉

3. 動画を見て、〈ツーリング〉〈車の渋滞〉を練習してみましょう。これらは、たて1列のCLです。

〈車が渋滞〉

4 左右の手が別々のものを表す高度なCLを、動画で見てみましょう。車を運転している状態について、利き手で〈車〉、非利き手で〈道路〉を表しています。

〈車が進む〉

問題

❶

運動会のようすを、CLを使って表してみましょう。解答は動画で確認しましょう。

(1) 　(2) 　(3)

❷

動画の道案内にしたがって進むと、いまどの動物のところにいるでしょう。

おまけ　CLで遊ぼう

　ここでは、教室などで楽しくあそべるCLを使ったゲームをご紹介します。ぜひやってみてくださいね。

1．CLかるた

（1）下にあるようなかるた（絵カード）をバラバラにして床や机の上に配ります。
（2）先生がそれぞれの顔の様子を手話で表します。どのかるたかわかったらそれを拾います。
　　　髪型やメガネ・帽子のあるなしなどがヒントになりますね。かるたは参加者の写真などから作ってもよいし、歌手や映画スター、アニメのキャラクターなどでももちろんOKです。まずは、見本になる表現をろう者に表してもらって、正しいかるたを見つける練習をするとよいでしょう。

【応用編】
　みんなで順番に、かるたの読み手になりましょう。

2. 道案内

　下の地図を見て、A駅からB駅までの道案内をしましょう。いくつか行き方はありますから、コンビニの前を通ったり、郵便局の前を通ったりして、行ってみましょう。ちゃんと目的地まで着けるかな？

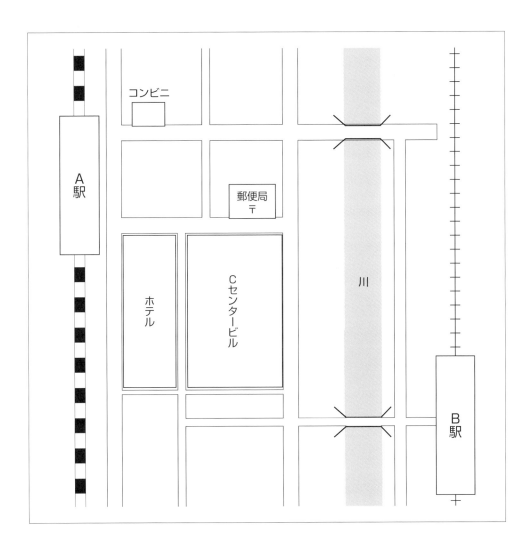

3. CLで借り物競争

　運動会の定番、借り物競争の手話版です。実際に運動会などでやってみてもいいですね。

　ふつうの借り物ゲームと同じですが、カードに文字で書いてあるものをCLで表してください。たとえば、〈腕時計〉〈メガネ〉〈かさ〉などを手話単語で表すのではなく、その物の形をCLで表現します。そして、お目当ての物を見つけたら、ていねいに「○○を貸してください。」と手話でたのんで借りましょう。

IV
まとめの問題

まとめの問題

これまでにさまざまな手話の表現を学んできました。

ここではまとめとして、今まで学んできたことを生かして、手話の語りがどのくらいわかるか、読み取りに挑戦してみましょう。

動画では、いろいろな年齢の人が話をしています。**細かい内容にこだわらず**に、**大きな話の流れ**をつかみましょう。問題を先に読んで、どのような内容か想像しながら見てもよいでしょう。

最後には**ビデオと一緒に手を動かして**、そっくり同じように**まね**をしてください。一部だけでもかまいません。手話文のリズムをつかむことが大切です。

問題 ❶

（1）この生徒の名字は何ですか。
　　　A：田村　　B：田川　　C：田中

（2）この生徒が好きなスポーツは何ですか。
　　　A：バレーボール　　B：バスケットボール　　C：サッカー

（3）この生徒が好きな本は何ですか。
　　　A：マンガ　　B：物語　　C：スポーツもの

問題 ❷

(1) この男の子の生まれた場所はどこですか。
　　A：東京　　B：沖縄　　C：北海道

(2) この男の子が今住んでいるのはどこですか。
　　A：東京　　B：沖縄　　C：北海道

(3) この男の子の家族は何人ですか。
　　A：3人　　B：4人　　C：5人

(4) この男の子には兄弟がいますか？
　　A：いない　　B：姉がいる　　C：妹がいる

(5) この男の子が好きな食べ物はなんですか。
　　A：おかし　　B：パン　　C：ピザ

問題 ❸

(1) この人の名前は何ですか。
　　A：坂上タケル　　B：坂下ノボル　　C：坂下サトル

(2) この人の年齢は何才ですか。
　　A：39才　　B：59才　　C：49才

(3) この人の子どもは何人いますか。
　　A：5人　　B：4人　　C：3人

(4) そのうち、男の子は何人ですか。
　　A：1人　　B：2人　　C：3人

問題 ❹

(1) この人の出身地はどこですか。
(2) 仕事は何ですか。
(3) 趣味はなんですか。

問題 ❺

(1) この人のペットは何ですか。
(2) 何びき飼っていますか。
(3) 名前は何ですか。
(4) 色は何色ですか。

応用問題

　動画を見て手話講習会のポスターを作ってみましょう。
　時間、場所（会場、受付場所）、持ち物、講師の名前、受講料などの情報を落とさないように気をつけて、すてきなポスターを作ってください。

付　録

解答と解説

ウォーミングアップ

練習1
- (1) ×　見る／言う
- (2) ○　行く／行く
- (3) ○　見る／見る
- (4) ×　見る／観光する
- (5) ×　ありがとう（正）／ありがとう（逆向き）
- (6) ×　おいしい／大事
- (7) ○　活動／活動
- (8) ×　交流する／慌てる
- (9) ○　やる／やる
- (10) ×　ない／ない（口型付き）

　ちょっとひっかけ問題ですが、手話が同じかどうかを見るときには、口の形やほおのふくらみなども含まれます。注意して見てください。

練習2
- (1) ○
- (2) ×
- (3) ×

練習3
- (1) ○
- (2) ×
- (3) ×
- (4) ○
- (5) ×

レッスン1

問題1
- (1) A 学校　Ⓑ 本　C 家
- (2) Ⓐ 家　B 晴れ　C 学校
- (3) A きれい　B 説明する　Ⓒ 働く

問題2
- (1) C 学校に着く
- (2) A 今日は晴れだ
- (3) C 質問お願いします

レッスン2

問題1
- (1) Ⓐ 病気　B 寝る　C 良い
- (2) A いる　B 自由　Ⓒ 元気
- (3) A 大変　Ⓑ 作る　C ゴリラ

問題2
- (1) B 象がいます
- (2) C 猫は寝ます
- (3) B よろしくお願いします

レッスン3

問題1
〈会う〉
　左右から近付いてくる人差し指は人間です。その2人が出会う様子を表しています。

問題2
〈聴者〉
　「耳が聞こえて話す人」ということから、〈聴者〉という意味の単語です。

レッスン4

問題1

(1)  〈パン〉

(2)  〈バカ〉

(3)  〈忘れる〉

(4)  〈好き〉

(5)  〈嫌い〉

(6)  〈基本〉

(7)  〈緊張〉

(8)  〈帰る〉

(9)  〈幸せ〉

レッスン5

片手の手話です。通常こういう形で見ることはできない貴重な写真です。 **DVD**

(1)  〈本〉

(2)  〈学校〉

(3)  〈元気〉

(4)  〈活動〉

(5)  〈例えば〉

(6)  〈ありがとう〉

(7) 〈なぜ／どうして〉

(8)  〈判断〉

レッスン6

動画を見て確認しましょう。 📀
(1)〈言う〉 口　(2)〈見る〉 目　(3)〈良い〉 鼻　(4)〈悪い〉 鼻　(5)〈病気〉 ひたい
(6)〈苦労・お疲れ様〉 腕　(7)〈わかる〉 胸　(8)〈わからない〉 利き手の肩　(9)〈猫〉 ほお
(10)〈犬〉 頭

レッスン7

意味	手形	場所	動き
(例)〈起きる〉	A	耳の横	上から下
(1)〈目を覚ます〉	B	目の横	閉から開 (閉じていた指を開く)
(2)〈食べる〉	C	口	下から上 (食べる向きにあわせて下から回転して口へ)
(3)〈着替える〉	D 両手	胸の前	上から下 (回転)
(4)〈(家を)出る〉	E	胸の前	内から外 (利き手だけ胸の前から前方へはらう)
(5)〈バス〉	D 両手	胸の前	内から外 (胸の前から前方へまっすぐに)
(6)〈着く〉	E	手のひら	内から外 (体の前方の非利き手の手のひらの上へ)
(7)〈勉強する〉	E	胸の前	上から下 (手のひらを上にむけ、上から下に押し付けるような動き)

レッスン8

問題

意味		手形	位置	動き
(例)	〈男〉		胸 (右手の前)	押し出す
	〈女〉			
(1)	〈新しい〉		胸	グーをパーに開きながら前・下に
(2)	〈おめでとう〉			グーをパーに開きながら上に
(3)	〈おかしい〉		あご	あごを2回軽くたたく
(4)	〈かまわない〉			
(5)	〈黄色〉		額	2回人差し指を前後に動かす
(6)	〈なるほど〉		あご	

〈元気〉のミニマル・ペアとしては、手形をグーからパーに変えた〈今日〉、動きを交互に変えた〈活動〉などがあります。

レッスン9

問題1
(1)　×　あか／あさ
(2)　○　テニス／テニス
(3)　×　ふみ／むみ
(4)　×　ドイツ／ドイチ
(5)　○　アート／アート
(5)　○　インター／インター

問題2
(1)　A　ベス
(2)　A　キン
(3)　B　メダル
(4)　B　マサシ
(5)　A　パリ

問題3　DVD
動画を見てください。

数字の手話

問題1

(1)	4	(7)	22
(2)	6	(8)	29
(3)	10	(9)	37
(4)	12	(10)	50
(5)	15	(11)	98
(6)	20	(12)	100

問題2　DVD
動画を見てください。

問題3　DVD
動画を見てください。
　ある人が歩いていると別の人が歩いてきます。距離が縮まりぶつかってケンカになります。片方が倒れて、勝った方は「やっつけたぞ」という顔になりますが、負けた方はまだまだ恨みがましい様子です。

問題4
　数字の1は人差し指の手形ですから、レッスン6で出ていた手話は全部そうです。〈私〉〈あなた〉〈見る〉〈言う〉〈行く〉〈来る〉〈考える〉などなどたくさんあります。

レッスン10

問題1　DVD
動画を見てください。
(1)　私はテニスを練習します。
(2)　僕は水泳を練習します。
(3)　僕はバスケットボールを練習します。

問題2　DVD
動画を見てください。
(1)　あなたは紅茶を飲みます。
(2)　あなたはコーラを飲みます。
(3)　あなたはジュースを飲みます。

問題3　DVD
動画を見てください。
(1)　アキラはバナナを食べます。
(2)　サトシはハンバーガーを食べます。
(3)　サトコはアイスクリームを食べます。
(4)　ヤスシはご飯を食べます。

レッスン11

問題
(1)　A　（〈好き〉は形容詞）
(2)　B　（存在の否定）
(3)　A　（存在の否定）
(4)　A　（存在の否定）
(5)　B　（〈学校〉は名詞）

レッスン12

(1) A （形容詞の否定）
(2) A （意思の否定）
(3) B （〜ていない）
(4) B （存在の否定）
(5) A （意思の否定）
(6) B （〜ていない）

レッスン13

問題

(1) B
　A：私はコーラを飲むのが好き
　C：私はコーラを飲むのが嫌い
(2) C
　A：人だかりで見るのが嫌い
　B：人だかりで見るのが好き
(3) A
　B：友人と会えない
　C：*友人と会う花

*は文法的ではないことを示す。

レッスン14

問題1

(1) 肯定文（私は佐藤です。）
(2) 疑問文（あなたは佐藤さんですか。）
(3) 疑問文（私は寿司を食べますか。）
(4) 疑問文（私はテニスが好きですか。）
(5) 疑問文（あなたは野球が好きですか。）
(6) 肯定文（あなたは水泳が好きです。）
(7) 肯定文（あなたはイチゴが好きです。）
(8) 疑問文（あなたはハンバーガーを食べますか。）
(9) 肯定文（私は病気です。）
(10) 疑問文（あなたはコーラを飲みますか。）
(11) 疑問文（タカシはコーヒーを飲みますか。）
(12) 肯定文（サトミはテニスが好きです。）

問題2 **DVD**

動画を見てください。

　「はい」と「いいえ」の両方で答えます。肯定（はい）のうなずきと否定（いいえ）の首ふりの違いがわかりますか。バナナを食べる場合と、ハンバーガーを食べる場合の〈食べる〉の形にも注目しましょう。

　（1）と（2）の否定形は首ふりだけ、（3）は〈あなた/バナナ/好き？〉という問いに対して〈いいえ/嫌い〉と答えています。

　（4）は〈あなた/バスケットボール/練習する？〉に対して〈いいえ/練習/ない〉と〈ない〉という否定形を使っています。

レッスン15

問題

(1) Yes/No疑問文
　（あなたは佐藤さんですか？）
(2) Wh疑問文（佐藤さんはどこですか？）
(3) Wh疑問文（あの女性は誰ですか？）
(4) Yes/No疑問文
　（あの女性は佐藤さんですか？）
(5) Wh疑問文（何が食べたいですか？）
(6) Wh疑問文（お名前は何ですか？）
(7) Wh疑問文
　（あなたの誕生日はいつですか？）
(8) Yes/No疑問文
　（今日はあなたの誕生日ですか？）
(9) Yes/No疑問文
　（あなたはテニスが好きですか？）
(10) Wh疑問文
　（あなたの好きなスポーツは何ですか？）

レッスン16

問題1
注目は目の閉じ方です。
(1) B〈速い〉
(2) A〈遅い〉
(3) B〈うまい〉
(4) A〈おもしろい〉
(5) A〈すばらしい〉
(6) B〈むずかしい〉

問題2
(1)　　A　　B　　C
　　　(1)　(2)　(3)
(2)　　A　　B　　C
　　　(2)　(1)　(3)
(3)　　A　　B　　C
　　　(3)　(2)　(1)

問題3
(1) B　一生懸命走る
(2) B　ケーキはすごくおいしい

レッスン17

問題1
(1) A　父の兄（おじ）
(2) B　私と友だち
(3) B　あなたと（あなたの）妹
(4) A　あなたの弟と私

問題2
(1) 2人　（私、母）
(2) 1人　（母）
(3) 1人　（母の姉（おば））
(4) 2人　（母、母の姉（おば））
(5) 3人　（私、私の姉、母）

レッスン18

問題1
(1) B
(2) A
(3) B

日本語でふつう「あの人は結婚しているというと、「既に結婚している」という意味で、「今まさに結婚式の最中である」という意味にはなりませんね。そういう場合には手話では〈結婚／完了〉となることに気をつけましょう。

おまけ　B
「むかーし、むかし」という時には、目の閉じ方だけでなく、手の振りも大きくなっていることに注意しましょう。

レッスン19

問題1
(1) 正解A　B:□　C:▯
(2) 正解B　A:△　C:△
(3) 正解C　A:□　B:⏢

問題2
(1) C
(2) A
(3) C

おまけ
くいず
書いている人は自分の側から書きます。読み取るときは反対側から見ることになりますから要注意です。これは漢字などの空書き（空中に文字を書くこと）でも同じです。「注」は「玊」のように見えます。

レッスン20

問題1
(1) B　　A：コップ、C：ワイングラス
(2) C

問題2　(1) C　(2) A　(3) B
A　急坂を歩く（のぼる）
B　ふつうに歩く
C　千鳥足で歩く
　手の方向だけでなく、目や口の形にも気をつけ、同じように表せるよう練習しましょう。

問題3　(1) C　(2) B　(3) A
A　自転車が止まっている
B　バスが止まっている
C　車が止まっている。
　それぞれの物の形がCLでどう表されるかに注目しましょう。

問題4
A
　手の形（指の先1つ1つが細かい点を表している）と細まった目に注目しましょう。

レッスン21

問題1
左から順に　D - B - A - C
復習問題です。できましたか。

問題2
左から順に　D－C－A－B

おまけ　動画を見てください。
　同じような形で、普通の視点でてっぺんが見える場合（お墓）は上から、見えない場合（ビル）は下から手を動かします。ビル群の手話は1つ1つのビルは細い棒状の形となって、両手で表されます。

レッスン22

問題1
(1) C　(2) B　(3) A　(4) C　(5) A
　（5）は三角と四角が接しているかどうか、また、数字の7は四角の内側か外側かに注意しましょう。

レッスン23

問題1
(1) C
(2) C
　英語の新聞は横書きですので、横に読みましょう。Aは新聞ではなく、本を読んでいます。

(3)　B
　バナナを食べるのに一番ふさわしい手の形を選びましょう。はしでは食べませんね。

レッスン24

問題1　DVD
　動画を見てください。
　万国旗が下がっている様子、平均台、大玉ころがしをどう表すかよく見て、まねをしましょう。

問題2
シマウマ

まとめの問題

問題1
(1) C 田中
(2) B バスケットボール
(3) A マンガ

(訳例)
　私の名前は田中ちいです。好きなスポーツはバスケットボールです。好きな本はマンガです。なぜかというと、絵を描くのが好きで趣味だからです。マンガの絵はいろいろ学べるし、参考になるのでマンガの本が好きなんです。

問題2
左利きの手話です。慣れないと少し難しいかもしれません。
(1) C 北海道
(2) A 東京
(3) B 4人
(4) C 妹がいる
(5) C ピザ

(訳例)
　こんにちは。僕の名前は伊藤太陽、手話ネームは〈太陽〉です。生まれは北海道で、中学の時に東京に引っ越しました。今は東京で暮らしています。家族は4人で、両親と妹がいます。好きなたべものはピザです。

問題3
(1) B 坂下ノボル
(2) C 49才
(3) A 5人
(4) A 1人

(訳例)
　私の名前は坂下ノボルです。49才で、結婚しています。家族は7人です。妻と子ども5人で、上から4人が女の子、一番下だけが男の子です。

問題4
(1) 高松市
(2) 飛行機の整備士
(3) 飛行機の写真をとってカレンダーを作ること

(訳例)
　私の名前は空田金太郎です。45歳です。生まれは四国の高松市で、そこで育ちました。仕事は高松空港で飛行機の整備士をしています。休みの日には飛行機を眺めて写真をとるのが好きです。そしてその写真でカレンダーを作るのが趣味です。

問題5
(1) 亀
(2) 2匹
(3) サクラと大（だい）
(4) 緑と黒

(訳例)
　私はペットを飼っています。亀、2匹です。名前はサクラと大（ダイ）です。色は2匹とも同じで、甲羅の前のほうが緑、後ろの方が黒です。

応用問題　解答例

```
       手話講習会のお知らせ

時　間：午後7時から

場　所：福祉会館（受付は2F）

持ち物：ノート、筆記用具（鉛筆、消しゴム等）

講　師：田中さとみ先生

参加費：1,000円
```

授業計画案 (小学校5年生〜6年生)

慶應義塾大学　松岡和美

　この授業計画案は、手話になじみがない教員であっても手話言語の性質が分かりやすく伝えられるよう、以下の5つから構成されています。同じ国の中にも異なる言語があることに気づくことで、異なる文化や言語を尊重する態度の芽生えを促したいと思います。日本手話を母語とする文化的集団としてのろう者については、教員用資料（p.86）に解説があります。

- 生徒用ワークシート「手話について知ろう」
- 授業の展開（50分）
- 教員用資料（活動の概要と解説）
- DVD動画（ワークシート用手話動画）
- DVD動画（音声日本語による解説）

　生徒が教室でDVD動画を参照しながらワークシートの4つの活動に取り組むことにより、手話が言語であることを確認できるようになっています。DVDの手話動画は、すべてその国の手話言語を母語とするネイティブサイナーが出演しています。音声日本語による解説（DVDに収録）では平易な表現を用いていますので、教員の参照用としてもかまいませんし、授業で生徒たちに直接見せることもできます。
授業の構成は以下のようになっています。

活動1：手話とジェスチャーが異なることを知る（ワークシート1）
　　　　　↓
活動2：手話を母語とする子どもたちがいることを知る（明晴学園の学校生活の動画）
　　　　　↓
活動3：手話言語が音声言語と同じく、世界共通でないことを知る（ワークシート2・3）
　　　　　↓
活動4：手話の文法は手指以外の部分で表現されることを知る（ワークシート4）

| 手話について知ろう | クラス　　　番号　　　名前 |

1　下にある文をジェスチャーで表せるか、やってみよう。
　（ア）　箱の中に本がある。
　（イ）　箱の中に本があるのを見つけた。
　（ウ）　箱の中に本があったらうれしい。
　（エ）　箱の中に本を入れるつもりだ。
　（オ）　なぜ箱の中に本を入れたの？

2　地球上にはいくつの手話があるのだろうか。あててみよう。
　A　世界共通　　B　およそ10　　C　100以上

3　いろんな国の手話をみてみよう。

4　（ア）〜（エ）の手話文のちがいをみて、意味を書いてみよう。
　　　　（PT→文の終わりにある指さし）
　（ア）　子ども　来る　PT（意味：　　　　　　　　　　　　　　　　　　　　　　）
　（イ）　子ども　来る　PT（意味：　　　　　　　　　　　　　　　　　　　　　　）
　（ウ）　子ども　来る　PT（意味：　　　　　　　　　　　　　　　　　　　　　　）
　（エ）　子ども　来る　PT（意味：　　　　　　　　　　　　　　　　　　　　　　）

授業の展開

時間	学習内容		指導上の留意点
	児童の活動	教師の活動	
【導入】 (5分)		日本手話の画像を1分ほど見せ、これは言語かなと問いかける 「手話はジェスチャーのように見えるね」 「ジェスチャーならみんなもできるね」 とゲームに誘導	DVD動画「授業の導入」を見せる
【展開1】 (10分)	ジェスチャーゲーム (準備)知っているジェスチャーをやってみる(バイバイ、悲しい、など) ワークシート①にある文をジェスチャーで表してみる ワークシート①にある文を日本手話で表した動画を見る	(ゲームの導入)ジェスチャーがコミュニケーション手段であることを確認する 「いま」「ここ」を離れた内容をジェスチャーで表すのが難しいことを確認する 手話は言語であり、ジェスチャーとは違うことを確認する	DVDの日本手話動画「ワークシート1 手話」を見せる
【展開2】 (5分)	手話を母語とする子どもたちの動画を見る	(導入)「手話が言語なら、手話で生活や勉強をしている子どもたちがいるんじゃないかな?」 動画で見た子どもたちが、日本語ではなく手話で生活し、勉強していることを確認する	YouTubeにある明晴学園の紹介ムービーを見る (URL後述)
【展開3】 (10分)	いろいろな国の手話があることを知る 1.(ワークシート②)世界の手話言語の数をあてる 2.(ワークシート③)異なる国の手話を見る	個別手話の数が100以上と考えられていること(つまり手話が世界共通ではないこと)を確認する イラストにあるストーリーを確認してからビデオを見る 解説を参考にして違いを観察する	DVD動画「ワークシート3 手話」を見る

【展開4】 (10分)	手の動きは同じなのに文の意味が違う手話を見る。	手話は「手」だけであらわす言語ではないことを伝え、「目の見開きや細め」「あごの動き」「口の形」に注意するように伝える	DVDの動画「ワークシート4　手話」を見る
	解説を参考にして、文の意味を日本語で書いてみる（ワークシート4）	今日の授業で学んだ点を振り返り，まとめる	
【まとめ】 (5分)	今日学んだことを振り返る。	「音がない言語があるんだね」 「手話で何でも話せるね」	

準備するもの：DVDプレーヤー，ワークシート

YouTubeの明晴学園の紹介ムービー：http://www.youtube.com/watch?v = CogC78975Kc&feature = relmfu

教員用資料

【活動の概要】

目標

　ろう者が母語として身に着ける「日本手話」という言語があること、そして日本手話が音声日本語やジェスチャーとはまったく異なる「言語」であることを学ぶ。本時の学習内容が、同じ国の中にも異なる言語が存在すること、つまり日本もまた多言語社会であることを考えるきっかけとなることを期待したい。

本時の展開

①ジェスチャーで表せることと手話で表されることの違いを体験する。
②手話を母語とする子どもたちがいることを知る。
③世界には少なくとも100以上の手話言語があることを知る。
④異なる国の手話の例を動画で見て、その違いに触れる。
⑤非手指要素（NMs）について知る。
⑥本時の振り返りをする。

【言語活動の充実の工夫】

　日本語への逐語訳をする意識から離れ、手話をあるがままに受け止める態度を育成することが目的となる。ジェスチャーと手話が違うこと、日本語と日本手話が違うこと、手話が世界共通ではないことを体験や実例から学べるようにした。

〇手話はジェスチャーやパントマイムとは異なり「ことば」であることを知る（ワークシート1）

　ジェスチャーで表せる内容は「今」「ここ」に「実際にあるもの」の範囲に限られてしまう。「ことば（言語）」ではそれとは違うものも表現できる。生徒自身がジェスチャーで表現できる内容に限界があることを体験したうえで日本手話のビデオ画像を見ることにより、手話がジェスチャーではなく「ことば」であることを学べるように配慮した。

〇手話を母語とする子どもたちがいることを知る

　日本財団「第1回日本ドキュメンタリー動画祭」優秀賞作品「みんなで創った夢のろう学校」の画像（5分程度、字幕付き）を見る。日本手話を大切な母語としている子どもたちがいること、日本手話で学校の勉強ができることを知る。

○手話にも音声と同じく個別言語があることに気づく(ワークシート2・3)

【ワークシート2　解答】C

　世界に100を越える手話言語があることを知ったうえで、異なる手話の話者が同じ絵の内容を表しているビデオ画像を見て、その表現が共通ではないことを確認する。

○非手指要素(NMs)表現について知る(ワークシート4)

　手話の文法がすべて手指だけで表されているのではないことを知る。同じ手の表現でもNMs(眉・目・口・頭)の動きで文全体の意味が変化することを観察できるビデオ画像を作成した。

【ワークシート4　解答】

(ア)子どもが来る。　(イ)子どもが来るの?　(ウ)子どもが今来た(ところだ)。
(エ)子どもが来ない。

【解説】

1. 非手指要素(NMs)・語順について

　本時の活動では、日本手話はジェスチャーと違って、抽象的な内容を伝達できる洗練された文法体系を備えていることが実例からわかるよう配慮しました。この文法体系には本時の授業内活動で扱う「非手指要素(NMs)」の使用も含まれます。NMsとは、手指以外の動作で文法的機能を持つものです。具体的には、眉の上げ下げ、目を大きく見開いたり細めたりする動作、視線、あごの動き(上・下・前・後)、マウスジェスチャー、肩を広げたりすぼめたりする動作が含まれます。NMsは必ずしも単一で使われるわけではなく、実際にはいくつかのNMsが組み合わされます(木村2011:52、松岡2015)。ワークシートの例を見てみましょう。

　　　　　　　　　　　　　　＿NMs
　　ワークシート1　(3)　箱　中　本　ある　うれしい

　上の例は「～たら…」という条件文です。「ある」の部分に眉上げ・頭を前方に動かして一瞬動きを止める(保持する)NMsが表されます。この眉と頭の動きが条件節を導く「もし…たら」の文法的役割を担います(『日本手話のしくみ』77～78ページ、松岡2015、70ページ)。ワークシート4では特に、手の表現がまったく同じでも、NMsの働きで文全体の意味が異なることを観察できるようにしました。

　また、日本手話の疑問表現(何・誰・どこ・どれ・なぜ・どうやって)は日本語と異なり、文の最後に現れます。同時に眉寄せ・細かい首ふりなどのNMsがあらわれます。

　　　　　　　　　　　　　　　＿NMs
　　ワークシート1　(5)　箱　中　本　入れる　なぜ

NMs表現は世界の手話に多く見られますが、聴者に「顔の表情」に間違えられることがよくあります。NMsの文法的機能が見過ごされてきた結果、手話は文法を持たない原始的なコミュニケーション法であるという誤解が生じた経緯があります。

2. 他の国の手話について

世界で確認されている言語のリスト「エスノローグ（Ethnologue）」では138の手話言語が加えられています。これは調査研究などではっきり確認された手話言語の数ですので、実際にはもっとたくさんの手話言語が存在すると思われます。したがって、解説DVDでは100以上の手話があると述べています。ワークシート3の他国の手話については、解説ビデオがありますので、そちらをご参照ください。

3. 指さしについて

ワークシート4の手話文の最後の「PT」という記号は、手話の「指さし」です。指さしは手話文法では代名詞のような使われ方をすることも多いのですが、このように文や句の最後に現れることもあります。この例文のPTは直前の文にある「子ども」を指しています。（ア）は平叙文です。（イ）ではYes-No疑問のNMs（眉上げと目の見開き）、（ウ）では完了アスペクトのNMs（口型PA）、（エ）では否定のNMs（首ふり）が観察できます。

■日本のろう者と手話をとりまく現状

厚生労働省の統計では、聴覚障害者の人口は約35万人で、手話を母語とするろう者は3万5千〜5万7千人程度とされています（神田他2009）。つまり日本手話は少数言語であり、聴者が母語話者と接触できる機会は限られているということです。「日本語対応手話（手指日本語）」は手話単語を非手指要素（NMs）なしで日本語の語順通りに並べたという点で、音声日本語の「逐語訳」に近いコミュニケーション手段です。それに対して、ろう者の「母語」である日本手話は日本語と大きく異なる文法的性質を備えています（木村2011、松岡2015）。

「日本語対応手話（手指日本語）」が「自然言語」でないと考えられる根拠としては、日本語対応手話を母語（第一言語）として獲得するろう者がいないことがあげられます。両親が対応手話で養育を行った場合であっても、子どもが獲得する言語はろう者の使う手話（日本の場合は日本手話）に近いものになるという観察があります（松岡2015、第6章を参照）。また海外の手話言語学関連の文献でも、手指英語などの「対応手話」はろう児への英語の指導を目的として人工的に作られたコミュニケーション手段であるとされています（Johnston and Shembri 2007）。

しかし「日本語対応手話（手指日本語）」が自然言語ではないこと、（自然言語である）日本手話と本質的に異なっていることは、現状では手話や聴覚障害者に関わる人々に広く知られているとはいえません。日本語対応手話の方が難聴者や学習者など使用者数が多いこと、日本語を母語とする聴者の学習者にとって習得がしやすいこと（手話単語をおぼえるだけでよい）、「日本手話の使用がろう児の

日本語習得を妨げる」という聴者のろう教育関係者による誤解にもとづく偏見、多言語文化が定着していない文化的土壌など、様々な要因がこの問題に関連しているようです。日本のろう者と手話使用を取り巻く社会的状況についての様々な立場からの議論については、現代思想編集部編（2000）や木村（2011）を参考にしていただければと思います。

本時の学習では、日本手話が日本語とは異なる自然言語であることを伝えることを主眼としているため、手話を取り巻く社会的状況については、あえて触れないように心がけました。

■特に教育現場に関連する情報

- ろう者・難聴者がみな日本手話や日本語対応手話（手指日本語）を使用するわけではありません。保護者の養育方針などで、どちらも習得しない状態で地域の学校に進学するろう者・難聴者もたくさんいます。このような教育環境は「インテグレーション（インテ）」と呼ばれます。インテグレーション環境にある生徒は筆談・発音・口話の読み取りなどをコミュニケーション手段としていますが、どの方法にも限界があり、使いやすさの個人差も大きいようです。インテ環境にある子どもにも手話の早期習得を促すべきと主張する経験者・関係者も一定数存在します（金澤 2001 など）。
- 保育施設や学校でよく紹介される「手話歌」は、日本語の文法通りに手話単語を並べることで歌詞を表現しており、日本語対応手話（手指日本語）を用いた活動といえます。したがって本時の活動とは直接関連しません。日本手話を用いた芸術パフォーマンス活動には、手話劇・手話ポエムなどがあります（松岡 2015、第 5 章を参照）。

■補足資料

日本手話の言語学的特質についてわかりやすく解説した文献に松岡（2015）があります。木村（2011）の第 1 部では日本手話と日本語対応手話（手指日本語）の歴史や現在の社会的状況についての解説を読むことができます。また、日本手話を媒介言語とするろう教育については、学校法人明晴学園のウェブサイトで詳しい情報を得ることができます。

■引用文献・関連ウェブサイト

- Johnston, Trevor and Adam Schembri. 2007. *Australian Sign Language : An Introduction to Sign Language Linguistics*. Cambridge University Press.
- 金澤貴之（編著）2001『聾教育の脱構築』明石書店
- 神田和幸 2009『基礎から学ぶ手話学』福村出版
- 木村晴美 2011『日本手話と日本語対応手話（手指日本語）：間にある「深い谷」』生活書院
- 現代思想編集部編　2000『ろう文化』青土社
- 松岡和美 2015『日本手話で学ぶ手話言語学の基礎』くろしお出版
- Ethnologue（英語サイト）http://www.ethnologue.com/
- 明晴学園公式サイト http://www.meiseigakuen.ed.jp/

さくいん

■事項さくいん

【あ】
アスペクト　50, 88
Yes/No疑問文　42, 45
意思の否定　38
位置　10, 12, 14, 17, 20, 23, 24, 25, 60
インテグレーション　89
動き　10-12, 17, 22-25, 46, 47, 62
うなずき　48

【か】
片手　10, 19, 28
可能性の否定　40
完了形　50, 51
完了の否定　40
利き手　11, 13, 18, 65
切れ目　39, 48
経験の否定　40
言語　17, 26, 64, 82, 84-89
現在進行形　50, 51
コミュニケーション　84, 87-89

【さ】
CL　54-68
ジェスチャー　56, 82-87
時制　50
自然言語　88
手形　10, 12, 14, 16, 17, 19, 20, 22, 23, 25
手指日本語　88, 89
手話歌　89
手話ラベル　3, 34, 38

【た】
Wh疑問文　42, 44, 45, 78
道具　62
動詞　34, 35, 38, 39, 50, 62, 64
同時性　46

【な】
日本語対応手話　88, 89

【は】
非利き手　11, 13, 18, 65, 76
非手指要素（NMs）　86-88
否定　36-41
必要性の否定　40
表情　42, 44, 46, 47, 87
母語　2, 82, 84, 86, 88

【ま】
間　39, 46
眉あげ　42, 44, 87, 88
ミニマル・ペア　24, 25
名詞　62, 64, 77
目の見開き　42, 44, 84, 88

【や】
指差し　14, 15, 16
指文字　26, 27, 29, 35, 39

【ら】
ろう教育　88, 89

■手話ラベルさくいん

【あ】
〈アイスクリーム〉　34, 52
〈アイスクリームを食べる〉　63
〈会う〉　15, 74
〈朝〉　52
〈明日〉　50
〈頭〉　14
〈新しい〉　16, 25, 75
〈暑い〉　47, 79
〈あなた〉　14, 77
〈あなた／バスケットボール／練習する？〉　78
〈あなた／バナナ／好き？〉　78
〈兄〉　49
〈姉〉　49
〈ありがとう〉　19, 75
〈ある〉　36
〈あれ〉　14
〈あわてる〉　11, 30
〈いいえ〉　38, 39, 42
〈いいえ／嫌い〉　78
〈いいえ／練習／ない〉　78
〈言う〉　14, 21, 24, 76, 77
〈家〉　11
〈YES/NO疑問文の顔〉　42
〈行く〉　15, 22, 31, 77
〈いす／いすに座る〉　62
〈痛い〉　14
〈1〉　14, 29
〈イチゴ〉　34
〈いつ〉　43, 45
〈一緒〉　22
〈いない〉　36
〈犬〉　21, 32, 76
〈今〉　30

〈妹〉　49
〈いる〉　13, 31, 36
〈ウソ〉　20
〈美しい〉　46, 52
〈腕時計〉　68
〈うまい〉　79
〈売る〉　24
〈うれしい〉　46
〈映画〉　52
〈おいしい〉　20, 46
〈大きい〉　46, 52
〈おかしい〉　25, 32, 76
〈起きる〉　23, 32, 76
〈教える〉　15, 31
〈遅い〉　79
〈弟〉　48
〈男〉　22, 24, 25, 76
〈おにぎり〉　63
〈おにぎりを食べる〉　63
〈お願いする〉　10, 11, 30
〈お墓〉　59
〈おめでとう〉　22, 25, 76
〈思いつく〉　15
〈思う〉　15, 17, 20
〈おもしろい〉　47, 79
〈終わる〉　16, 50
〈女〉　24, 25, 76

【か】
〈買う〉　24
〈学生〉　36, 52
〈かさ〉　68
〈学校〉　11, 19, 75, 77
〈活動〉　19, 75, 77

91

〈悲しい〉　46, 52
〈かまわない〉　25, 32, 76
〈カレー〉　51, 52
〈カレーを食べる〉　63
〈考える〉　15, 17, 77
〈黄色〉　25, 32, 76
〈着替える〉　23, 32, 76
〈聞く〉　14, 15
〈聞こえない〉　41
〈汚い〉　18
〈昨日〉　50
〈基本〉　17, 32, 75
〈決める〉　18
〈今日〉　11, 30, 50, 77
〈教室〉　52
〈許可する〉　22
〈嫌い〉　17, 32, 37, 75
〈きれい〉　11, 30
〈緊張〉　17, 32, 75
〈薬〉　63
〈薬を飲む〉　63
〈来る〉　15, 22, 31, 77
〈車〉　65
〈車が進む〉　65
〈車・車を運転する〉　62
〈車の渋滞〉　64
〈黒〉　11, 30
〈苦労・お疲れ様〉　13, 21, 31, 76
〈経験ない〉　40
〈ケーキ〉　47, 52
〈決意〉　18
〈結婚〉　51
〈結婚／完了〉　78
〈元気〉　13, 19, 25, 31, 75, 77
〈紅茶〉　34, 52

〈交流〉　11, 30
〈こぐ〉　64
〈コーヒー〉　34, 52
〈コーラ〉　34, 52
〈ゴリラ〉　13
〈こんにちは〉　4

【さ】
〈最高にうれしい〉　46
〈斉藤〉　52
〈魚〉　10, 11, 30
〈サッカー〉　34
〈佐藤〉　37
〈幸せ〉　17, 32, 75
〈仕事〉　11, 30
〈質問する〉　10, 11, 30
〈自転車〉　64
〈自転車・自転車をこぐ〉　62
〈自動車〉　64
〈死ぬ〉　51
〈自由〉　13, 31
〈宿題〉　39
〈ジュース〉　34, 52
〈手話〉　19
〈準備〉　22
〈新幹線〉　63
〈水泳〉　34, 52
〈好き〉　17, 31, 75, 77
〈スパゲッティを食べる〉　63
〈スパゲティ〉　63
〈すばらしい〉　47, 79
〈スポーツ〉　43
〈説明する〉　11, 30
〈先生〉　36, 52
〈象〉　13

〈掃除〉　51
〈それ〉　14

【た】

〈大事〉　20, 31
〈太陽〉　81
〈例えば〉　18, 19, 75
〈楽しい〉　19
〈Wh疑問文の顔〉　42, 45
〈食べる〉　23, 32, 35, 63, 76, 78
〈だれが〉　45
〈誕生日〉　43
〈小さい〉　46, 52
〈近い〉　60
〈ちがう〉　36, 37
〈父〉　48
〈中〉　50
〈駐車場〉　64
〈駐輪場〉　64
〈聴者〉　15, 74
〈作る〉　13, 31
〈ツーリング〉　64
〈テニス〉　34, 43
〈(家を) 出る〉　23, 32, 76
〈テレビ〉　52
〈天気〉　13, 31
〈東京〉　52
〈どうして〉　45
〈どうやって〉　45
〈到着する〉　11, 23, 30, 76
〈道路〉　65
〈遠い〉　60
〈どこで〉　45
〈友だち〉　41

【な】

〈ない〉　36, 37, 38, 39, 40, 78
〈なぜ〉　18, 19, 45, 75
〈何〉　15, 31
〈名前〉　43
〈なるほど〉　25, 32, 76
〈ニュース〉　52
〈猫〉　13, 21, 32, 76
〈熱〉　21
〈寝る〉　12
〈飲む〉　35
〈のんびり〉　11, 30

【は】

〈はい〉　42
〈バカ〉　17, 31, 75
〈走る〉　47, 79
〈バス〉　23, 32, 76
〈バスケットボール〉　34, 52
〈働く〉　30
〈話す〉　15
〈バナナ〉　34, 52
〈母〉　48
〈速い〉　79
〈晴れ〉　11
〈ハワイ〉　49
〈歯を磨く〉　62
〈パン〉　17, 31, 75
〈判断〉　19, 75
〈ハンバーガー〉　34, 52
〈パンを食べる〉　63
〈飛行機〉　63
〈否定のときの顔〉　37
〈病気〉　12, 21, 76, 77
〈ビル〉　59

〈ビル群〉　59
〈富士山〉　52
〈不要〉　40
〈文化〉　11, 30
〈勉強〉　19, 32, 52
〈勉強する〉　23, 76
〈方法〉　30
〈僕／サッカー／好き〉　34
〈本〉　11, 19, 75
〈本当〉　10, 11, 30

【ま】
〈毎日〉　22
〈まだ〉　40
〈マンガ〉　51
〈見えない〉　41
〈みかん〉　34, 52
〈みかんを食べる〉　63
〈見る〉　14, 21, 24, 76, 77
〈見る／無理〉　41
〈昔〉　51
〈難しい〉　52, 79
〈無理〉　40
〈メガネ〉　68
〈目を覚ます〉　23, 32, 76

〈もっとうれしい〉　46
〈もどる〉　17, 32, 75

【や】
〈野球〉　34, 43, 52
〈休み〉　11, 30
〈山〉　10, 11, 30
〈よい〉　12, 21, 76
〈読む〉　51, 52
〈読めない〉　41
〈よろしくお願いします〉　31

【ら】
〈りんご〉　63
〈りんごを食べる〉　63
〈練習〉　35

【わ】
〈わがまま〉　13, 31
〈わからない〉　21, 32, 76
〈わかる〉　10, 11, 21, 30, 76
〈忘れる〉　17, 31, 75
〈私〉　14, 48, 77
〈私／イチゴ／好き〉　34
〈悪い〉　21, 32, 76

[編者・著者紹介]

特定非営利活動法人 バイリンガル・バイカルチュラルろう教育センター（BBED）
1999年デフ・フリースクール龍の子学園としてスタート。2003年にNPO法人格を取得。08年構造改革特区による学校法人明晴学園を設立しフリースクールが独立。現在は日本手話教室や教材開発、講演活動などを展開しバイリンガルろう教育への理解と普及をめざしている。

岡　典栄（おか　のりえ）
東京大学文学部言語学科、国立障害者リハビリテーションセンター学院手話通訳学科卒業、英国ケンブリッジ大学言語学修士(M.Phil.)、一橋大学大学院言語社会研究科博士（Ph.D.）。現在、学校法人明晴学園国際部長、東京経済大学非常勤講師。手話通訳士。

赤堀仁美（あかほり　ひとみ）
ろうの両親から生まれたろう者。静岡県立沼津ろう学校普通科、玉川大学教育学部卒業、NECソフトウェアなど一般企業、学校法人明晴学園手話科主任・小学部教諭を経て、現在、NPO法人手話教師センター理事・手話教師、明晴学園幼稚部主任。ＮＨＫ手話ニュースキャスター。

日本手話のしくみ練習帳 DVD付
©BBED, OKA Norie, AKAHORI Hitomi, 2016　　　　　　　　NDC378／94p／21cm

初版第1刷──2016年4月30日
第5刷──2023年10月20日

編　者────NPO法人バイリンガル・バイカルチュラルろう教育センター
著　者────岡　典栄／赤堀仁美
発行者────鈴木一行
発行所────株式会社　大修館書店
　　　　　〒113-8541　東京都文京区湯島 2-1-1
　　　　　電話 03-3868-2651（販売部）／03-3868-2291（編集部）
　　　　　振替 00190-7-40504
　　　　　［出版情報］https://www.taishukan.co.jp/

装幀・デザイン────杉原瑞枝　　手話モデル────赤堀仁美
写真・動画撮影────斉藤道雄　　オーサリング────藤島辰也
印刷────広研印刷　　　　　　製本────難波製本

ISBN978-4-469-22247-0 Printed in Japan

Ⓡ本書のコピー、スキャン、デジタル化等の無断複製は著作権法上での例外を除き禁じられています。本書を代行業者等の第三者に依頼してスキャンやデジタル化することは、たとえ個人や家庭内での利用であっても著作権法上認められておりません。

本DVDに収録されているデータの無断複製は、著作権法上での例外を除き禁じられています。

| 本書の姉妹編 | 大好評発売中 |

文法が基礎からわかる
日本手話のしくみ

NPO法人バイリンガル・
バイカルチュラルろう教育センター　編

岡典栄・赤堀仁美　著

A5判・並製・112頁

定価＝本体 1,200円+税

日本手話とはどんな「ことば」なのか。その「発音」、語彙、文法、表現を、写真をふんだんに用いてやさしくわかりやすく解説した、本書の理論編。手話通訳者やその志望者、ろうの人々ともっと深く分かり合いたいという手話学習者にとって、必携の一冊。携帯（スマートフォン）やパソコンから動画へのリンクも可能。